다이어트
인문
명리 산책

다이어트 인문명리 산책

초판 1쇄 2021년 04월 20일

지은이 나나 | **펴낸이** 송영화 | **펴낸곳** 굿위즈덤 | **총괄** 임종익

등록 제 2020-000123호 | **주소** 서울시 마포구 양화로 133 서교타워 711호

전화 02-322-7803 | **팩스** 02-6007-1845 | **이메일** gwbooks@hanmail.net

© 나나, 굿위즈덤 2021, *Printed in Korea*.

ISBN 979-11-91447-10-1 03150 | 값 14,500원

교양인을 위한 생활철학 시리즈 1

하루 만에 쉽게 읽는

다이어트 인문 명리 산책

나나 지음

사주명리를 처음 접하는 사람들을 위한 요약서
"음양오행으로 삶을 통찰하다!"

굿위즈덤

일러두기

＊ 이 책은 사주명리를 처음 접하는 사람들을 위한 요약서입니다.

＊ 이 책은 인문학당 상우尙友의 강의록을 기초로 했습니다.
　출간을 위해 대부분 문어체로 바꾸고 편집했으나,
　강의의 특성을 살리기 위해 일부 구어체는 남겨두었습니다.

＊ 꼭 필요한 개념은 한글에 한자를 병기했습니다.

목차

사주명리의 기본 개념들 :
사주명리란 무엇일까?

1부에서는 사주명리의 가장 기본인 사주팔자 간지 구성과 음양오행, 육친에 대해서 공부해보겠습니다.

우리의 삶은 언제나 음양의 이치 속에 존재합니다. 날이 밝아오면 활동을 시작하고 날이 저물면 휴식으로 들어갑니다. 이것이 음양의 기본입니다. 음양에 관한 이야기는 해도 해도 끝이 없습니다. 하지만 해와 달, 낮과 밤으로 음양은 절대 고정불변하는 것이 아니라는 점도 명심하셔야 합니다. 음양을 기반으로 우리가 어떤 도구를 갖고 행위하는지, 행위의 도구인 오행이 무엇인지 공부하고 이것을 다시 인간사에 적용하는 육친을 공부해보도록 하겠습니다.

사주명리란 무엇일까?

1부에서는 불안의 시대에 나의 미래를 예측해볼 수 있는 사주명리에 대해 알아보겠습니다.

사주명리란 무엇일까요? 사주명리가 무엇인지 알아보기 전에 전제하고, 짚고 넘어가야 할 것이 있습니다. 흔히들 사주명리 하면 다음과 같은 반응을 보입니다.

'아, 난 그런 것 안 믿어!'
'그런 거 맞지도 않아!'

그러나 사주명리는 절대 사이비가 아닙니다. 미래를 정확히 맞히는 것도 아닙니다. 딱 맞힐 수 있는 거라면 왜 남의 것을 봐주겠습니까? 일종의 비기祕技인데 말입니다. 제 의견에 동의하지 않을 분도 더러 계실 것입니다. 그러나 자세히 이야기를 하자면 오래 걸리니 이 정도로만 하고 다음 기회에 다시 말씀드리겠습니다.

많은 사람들이 재미로든 진심으로든 오늘의 운세를 들여다보고, 미아리 철학관 거리나 소개를 통해 자신의 사주를 보러 다닙니다. 그리고 매년 여러 사이트에서 무료로 제공하는 범범한 토정비결을 기웃거립니다. 그렇다면 왜 사람들은 토정비결이나 운세를 볼까요? 그것은 자신에게 지금 벌어질 상황, 그리고 미래가 궁금하기 때문일 것입니다.

사주명리학은 자기 자신이 타고난 평생의 운명, 그리고 그 숙명 안에서 벌어지는 수많은 일의 정황을 볼 수 있는 학문입니다. 개인의 성향과 기질, 삶의 과정에서 만나게 되는 사건과 사고, 그리고 미래에 벌어질 일에 대한 정보를 예측해보는 것입니다. 더 나아가 이 공부를 통해 대우주 속에서 소우주 생명체인 자신을 볼 수 있으며, 무엇으로 어떻게 살아가야 하는지 질문을 던지는 인문철학입니다.

기존에 사주명리를 공부한 분들도 많고, 요즘 사주명리에 대한 관심이 더욱 높아져 새로 공부를 시작하는 분들도 늘고 있습니다. 코로나19로 전 세계가 사회적 거리 두기를 하면서 그간 우리가 살아왔던 일상이 유지되지 못하고 그로 인해 매우 불안한 상태입니다. 팬데믹은 그간 우리가 해오던 방식의 틀을 깨고 한 번도 겪어보지 않은 방식으로 전개되고 있습니다. 사주명리는 그 불안한 상황 속에서 앞으로 자신이 어떻게 살아가야 할지에 대해 스스로 공부할 수 있는 하나의 도구입니다.

우리나라에서 사주명리 계통에 종사하는 사람의 수는 50만 명 정도 된다고 합니다(2018년 영국 경제 주간지 〈이코노미스트〉 통계에 의하면 한국 점술 시장 규모 37억 달러). 여기에 소비되는 돈도 연간 4조 원 정도로 추정되며, 사주 전문 웹사이트의 경우 하루 평균 2만 명 정도가 접속하고 연 100억 원 가량의 매출을 기록한다고 합니다.

이런 관심에도 불구하고 사주명리에 대한 많은 오해와 편견이 있습니다. 이에 대해 어떤 것이 오해인지, 또 사주명리가 정말 이치에 맞는 학문인지 살펴보고자 합니다. 그리고 대체 무엇이 사주명리인지, 사주명리의 개념에 대해 조금은 가볍게 접근하면서(절대 가볍지 않지만요) 이야기해보고자 합니다.

이 세상에서 삶을 영위하는 사람들은 모두 태어나면서 생년월일시와 관계를 맺게 됩니다. 한국에 사나, 미국에 사나, 중국에 사나 각자 자기만의 고유한 생년월일시가 있습니다. 누가 누군지 구분해야 하니 태어날 때 생년월일시를 부여하고 이름을 지어주는 것이겠죠?

여기서 왜 '고유'하다고 표현했느냐 하면, 같은 날 같은 시간에 태어난 사람이 수없이 존재하지만 생년월일시가 같아도 각자 처한 시공간에 따라 다 다르다는 말씀을 드리고자 한 것입니다. 기본적으로 '나'라는 존재가 타인과 다르고, 태어난 나라가 다르고, 문화가 다르고, 설사 나라가 같다 해도 지역이 다르며, 지역이 같다 해도 부모가 다르다는 뜻입니다.

이렇게 한 개인이 태어날 때 부여받는 생년월일시와 동양 우주철학 경전인 『주역周易』의 음양 이론을 바탕으로, 우주의 기본 이치인 음양오행이 펼치는 다양한 조화를 들여다보고 우리 삶을 헤아려보는 것을 '사주명리', 즉 '명리학'이라고 합니다.

사주명리에 관한 공부가 부족해서 판단과 해석이 잘못될 수는 있어도 이 학문 자체는 절대 이상한 것이거나 가짜가 아닙니다. 그 이유는 역사적 자료로 근거들이 남아 있기 때문입니다. 절대적 기준을 두고 사주명리의 결과를 보고자 하는 심리나, 정답을 맞히듯 풀이하는 것이 잘못된 것입니다. 사주명리는 미래를 정확히 맞히거나 예지하는 것이 아니며 문제풀이식으로 '맞고 틀린 것'을 가르는 것은 더욱 아닙니다. 정해진 방식에 의해 글자의 속성과 그 글자의 음양과 오행의 조화, 순환, 변화를 보고 해석하고 풀이하는 것입니다.

우리는 서로의 혈액형을 물어보면서 비슷한 점을 찾기도 합니다. 같은 별자리일 때 동질감을 느끼기도 합니다. 학습 유형 검사, 직업 진로 검사 같은 것을 해봐도 내 성향과 맞는 것이 반드시 있습니다. 잠재적인 기질이나 성향 중 일부분에 불과할 수도 있지만 사주명리는 이런 것을 다 포함한다고 보아도 과언이 아닙니다. 다만 절대 딱 맞힐 수 없고, 맞히는 것이 아닐 뿐입니다. 그저 그때그때 내가 맞닥뜨리는 시공간의 상황을 해석할 뿐입니다. 우리가 존재하고 있는 이 시공간은 단 1초도 멈춘 적이 없기 때문에 내가 서 있는 그 찰나, 그 상황을 글자의 배치로 읽어낼 뿐입니다.

삶은 늘 모호하기에 사람은 기본적으로 불안을 갖고 있습니다. 사실 옛 분들도 마찬가지인 삶을 살았을 것입니다. 옛 분들이 삶의 모호함으로 인한 불안을 해결하고자 자연을 찬찬히 들여다보니, 해와 달이 뜨고 지고 비가 오고 눈이 내리고 바람이 부는 것에 일정한 자연의 이치가 있다는 것을 알게 된 것입니다. 이런 자연을 관찰하고 깨달아 터득해서 예측하는 도구를 만든 것이 명리, 풍수, 한의학 등입니다. 이것이 자연의 이치를 예측하는 도구들이 만들어진 원리입니다. 인간은 자연과 떨어져서는 한시도 존재하지 못한다는 사실을 깨닫고 자연의 이치를 연구한 것입니다. 그렇게 발견한 여러 가지 이치 중 하나가 바로 사주명리입니다.

살아가는 공간이 다르고 부모가 다르면 그에 따른 식습관이 달라집니다. 즉 가족력이 달라지는 것입니다. 해석에서 빠뜨리는 부분, 개인 간의 오차, 공부의 부족함으로 오판하는 등 변수는 차고도 넘칩니다. 일기예보를 예로 든다면, 이것도 하나의 예측에 불과합니다. 그런데 수많은 최신의 과학적 장비와 이론을 총동원해서 일기를 예측하지만, 일기예보가 맞지 않는 경우도 자주 생깁니다. 그러나 일기예보가 틀렸다고 해서 우리가 천문대나 기상대의 기능을 부정하지는 않습니다. 기상예보관도 최첨단 기계를 사용해 취합한 자료를 바탕으로 재분석합니다. 자신의 지식, 자신과 타인의 경험을 지혜로 다시 녹여냅니다. 학문이란 이렇게 언제나 최선을 다해 연구하고 정진해서 그것을 알아내는 노력이라 생각합니다.

정리하자면, 옛 분들이 오랜 시간 하늘을 이고 땅을 딛고 살면서 인간의 수준으로 만든 부호, 즉 사주명리라는 공식에 대입해 모두가 궁금해하고 고민하는 문제를 탐구하는 것이 사주명리입니다. 나는 어떤 사람이고, 그런 내가 미래 어느 시점에 무엇을 할 수 있으며, 돈은 벌 수 있는지, 취직은 되는지, 언제 나가고, 언제 멈춰야 하는지를 알아보고자 하는 것입니다.

또 나만 잘된다고 좋은 것도 아닙니다. 그러니 혈연관계에서 배우자는 어떤 사람인지, 자식은 있는지, 있다면 공부를 잘할지, 어떤 직업을 가질지, 사업을 해도 될지에 대한 궁금증을 풀어보고

자 하는 것입니다.

　왜 배우자의 상황과 자식의 학습 능력과 직업이 궁금할까요?
인간은 사회적 동물이기 때문입니다. 자신이 살아가고 있는 사회
에서 권력, 명예, 부를 가져야 삶이 편하다는 것을 고대에서부터
진작에 깨달았겠죠. 그래서 인간의 삶과 관계된 수많은 관심사를
풀어보는 학문으로 명리학이 등장한 것입니다.

　명리학은 기능의학이자 예방의학입니다. 왜 이렇게 이야기할까
요? 사주명리에서는 명리의 기본 개념인 음양오행을 생년월일시
에 대입해서 자신이 어떤 사람인지 먼저 찾아냅니다. 그렇게 자신
을 먼저 잘 이해하고 상대를 배려할 수 있게 해주는 학문이기 때
문입니다. 다시 말해 자신에게 부족한 오행은 무엇이고 많은 오행
은 무엇인지, 자신의 그릇의 크기와 모양은 어떤지를 알아내고,
그것을 바탕으로 어떤 방향으로 나가는 것이 가장 좋을지, 자신
에게 좋은 섭생 방법은 무엇인지, 그리고 지금 추구하는 일이 될

지 안 될지, 멈출 것인지 횡보할 것인지 예측해볼 수 있게 해주는 것이 바로 사주명리이기 때문입니다.

물론 사주를 봐서, 또 사주를 안다고 해서 실천할 수 있는지는 전혀 다른 문제입니다. 그러나 아예 모르고 오지奧地를 갈 때와 미리 준비하고 오지를 갈 때의 심리 상태와 결과는 전혀 다를 수밖에 없습니다. 그런 의미로 기능의학이자 예방의학이라고 이야기했습니다.

'삶에서 무엇이 정답일까?'라는 질문에 정답은 절대 없지만, '어떻게 살아야 하지?'와 같은 질문에 대한 답은 찾을 수 있습니다. 내가 서 있는 자리에서 1㎜만 옮겨도 그 결과는 원래의 위치에 있을 때와는 완전히 달라집니다.

그렇다면 이 명리학으로 무엇을, 어디까지 알 수 있을까요? 한 사람의 생년월일시로 알아낼 수 있는 것은 매우 많습니다. 사주명리는 사주팔자四柱八字, 즉 4개의 기둥과 8개의 글자로 구성되어 있습니다. 사람의 생년월일시, 즉 태어난 해, 태어난 달, 태어난 날, 태어난 시간으로 사주팔자의 함축적 내용을 조금 풀어보자면 다음과 같습니다.

태어난 해는 60갑자의 60개로 순환하면서 돌아갑니다. 태어난 달은 계절로 12달로 돌아갑니다. 또 태어난 날은 다시 60갑자 60개로 돌아갑니다. 태어난 시간은 다시 12시간(우리가 쓰고 있는 24시간은 서양의 시간 개념이고, 동양의 시간 개념은 12시간입니다)으로 돌아갑니다. 이것을 다 곱해보면 518,400이라는 경우의 수가 나옵니다. 이 518,400이라는 수에 다시 명리학 개념을 대입하면 이것의 몇 배의 경우의 수가 도출됩니다.

물론 이 경우의 수를 다 끄집어내서 쓰거나, 쓸 수 있는 사람이 존재하기는 어렵습니다. 그것은 누구도 하지 못하는 불가능한 일입니다. 하지만 우리의 삶은 다 그 경우의 수 안에 존재합니다. 이 상황 안에서 한 개인이 기본적으로 타고난 성품, 성장에 따른 발전 양상, 부귀 정도, 학업 수준, 진로 선택, 배우자의 수준 등 한 사람이 평생을 살아가면서 겪을 수 있는 모든 경우의 수와 큰 틀에서의 위기와 기회를 예측해볼 수 있는 것입니다.

　즉 명리학은 자신의 존재가 어떻게 생겼는지, 기질은 어떤지, 무엇이 넘치고 부족한지를 알고 자신과 관계하는 시공간과 타인을 앎으로써 앞으로 어떻게 처신하고 횡보해야 하는지 알아보는 학문입니다.

　　명리학의 기원을 알아보겠습니다. 명리학은 B.C. 5000년경 『주역』을 바탕으로 시작된 학문입니다. 아주 옛날 복희(선천) 시대에는 왕조의 길흉화복, 전쟁의 움직임, 농사의 예측과 백성을 다스리기 위해 점을 쳤는데 이때 사용된 것이 『주역』입니다. 이후 문왕(후천) 시대에 들어오면서 『주역』의 실질적 이론인 음양 개념이 완성되고 오행이 만들어졌습니다.

　　당나라, 송나라, 명나라, 청나라를 거쳐 마오쩌둥이 집권하는 시대가 도래하면서 중국에서는 유교와 더불어 명리학과 같은 학문 다수가 사장死藏되었습니다. 이에 반해 대만은 사주명리, 풍수 등에 대해 많은 자료를 수집했고 일본은 대만의 자료를 다시 수집해 갔습니다.

중국에서 시작되고 번성한 학문이지만, 근현대에 들어서면서 중국은 공산당 지배 체제 아래서 명리학을 전혀 사용할 수 없게 되었습니다. 우리나라는 일제강점기 조선 문화 말살 정책 때문에 이 학문의 자료들이 책을 통해 제대로 전수되지 못하고 도재陶齋 방식, 경험, 구전으로 이어질 수밖에 없었습니다. 그러다 보니 여러 갈래로 다르게 파생된 학파의 이론이 현재까지도 많이 혼용되어 쓰이고 있다고 생각합니다.

중국에서 명리학은 이제는 더 이상의 연구 발전이 없고, 잘 거론되지도 않습니다. 일본에서도 많은 명리학 자료를 가지고 갔지만 그렇게 많이 발전하지는 못하고, 일부 학자들에 의해 일본만의 방식으로 쓰이게 됩니다. 명리는 현재 대만에서 가장 활발히 사용되는 편이고, 홍콩에서는 명리보다 풍수를 중요하게 여깁니다.

역사를 거치면서 수많은 해석 방식이 만들어졌지만 변하지 않는 명리학의 기본은 음양과 오행입니다. 음양과 오행은 우주, 자연입니다. 음양오행은 어느 별에서 떨어진 뜬금없는 이야기가 아닙니다. 이것은 우리의 삶을 잘 살펴보면 알 수 있는 이치로, 살아 있는 생명은 모두 우주, 자연, 즉 음양오행의 영향을 받습니다. 해가 뜨면 달이 지고, 달이 뜨면 해가 지며, 날이 추우면 추위를 막고자 옷을 입고, 날이 더우면 시원한 얼음물을 찾는 원리와 현상, 그것이 바로 음양이고 자연입니다. 그러니까 명리학 해석도 만물의 기본인 자연과 음양을 넘어서지 않고 또 넘어서도 안 됩니다.

간혹 어떤 분들은 다양한 이론이 파생되는 것이 발전이라는 견해를 피력하기도 하지만 제 생각은 조금 다릅니다. 일부는 동의하지만 한편으로 조금만 생각을 해보면, 이전에 전수된 이론이 제대로 이해되지 않고 풀이가 제대로 되지 않았다는 말로 해석될 수도 있습니다. 진리란 언제나 한결같아야 합니다. 그래야 진리라고 할 수 있습니다. 봄이 지나면 여름이 온다는 것이 당연한 진리입니다. 해마다 시차가 있지만 봄이 지난 후에는 항상 여름이 오며, 여름이 지나면 가을이 반드시 온다는 것이 불변의 진리입니다. 이렇게 기본을 넘어서지 않는, 그러나 경직되지 않고 변화무쌍해 그 기본에 충실한 것이 음양오행이고 사주명리의 가장 기본적인 틀입니다.

여기까지 사주명리학의 역사에 대해 짧게 알아봤습니다.

이제 명리학에서 어떤 방법으로 나의 길을 예측할 수 있는지에 대해 알아보겠습니다.

사주명리 공부는 큰 틀에서 음양, 오행, 천간지지와 간지, 육친, 12운성, 12신살, 지장간, 공망 이렇게 9가지로 구분해볼 수 있습니다. 1부에서는 음양, 오행, 천간지지와 간지, 육친 정도까지 알아보겠습니다.

1. 명조命造 뽑는 법

간지가 무엇인지를 보려면 일단 본인의 사주명조를 앱 또는 웹사이트를 통해 뽑아야 합니다. 많은 웹사이트가 있지만, 각자 편한 것을 선택하시면 됩니다. 원광만세력(무료), 하늘도마뱀만세력(무료), 도사폰(유료) 외 다수 앱이 있습니다.

컴퓨터로 하신다면 아래의 웹사이트에 접속해 순서대로 하시면 본인의 사주를 뽑을 수 있습니다(무료, 회원가입 필요 없음).

https://www.sajulink.com

상단 중간 '만세력' 클릭 → 성명 기입 → 성별 체크 → 야자시 여부 체크(한국시일 경우 체크하지 않는다) → 생년월일 기입(양력, 음력, 윤달 여부 체크, 시분까지 기입) → 확인 버튼 클릭

사주명리는 간지학, 절기학, 계절학입니다. 사주팔자는 다음 표처럼, 그리고 각자 갖고 계신 본인의 사주명식처럼 구성되어 있습니다.

	시時	일日	월月	년年	성별
천간天干	시간時干	**일간**日干	월간月干	년간年干	남자乾
지지地支	시지時支	일지日支	월지月支	년지年支	여자坤
	시주時柱	**일주**日柱	**월주**月柱	**년주**年柱	

　표 윗줄에 배치한 글자를 간干이라 하고, 아랫줄에 배치한 글자들은 지支라고 합니다. 윗줄은 하늘에 있다 해서 천간天干, 아랫줄은 땅에 있다 해서 지지地支, 합쳐서 간지干支라고 합니다. 글자가 위아래로 붙어 있는 상태를 한 기둥이라 하여 주柱라 합니다. 년월일시로 4개가 있으니 4개의 주, 즉 '사주四柱', 글자는 8글자, 즉 '팔자八字'로 '사주팔자四柱八字'라고 하는 것입니다.

　사주명리의 년월일시는 오른쪽에서 왼쪽으로 쓰고 읽습니다. 맨 오른쪽부터 년간년지年干年支, 월간월지月干月支, 일간일지日干日支, 시간시지時干時支라고 합니다. 윗줄 세 번째 칸이 일간日干이며 자기 자신입니다. 이 4개의 주柱를 통틀어 간지라고 부릅니다.

사주는 4개의 간지로 구성됩니다.

견본 : 2020년 11월 10일 오후 3시 태어난 여아 사주

나나 (女 1세, 7赤)			
陽 2020.11.10 (陰 2020.9.25 15:30) 화요일			

	時	日	月	年
납음 →	대역토	사중토	옥상토	벽상토
	時	**日**	**月**	**年**
사주원국 →	**戊**	**丁**	**丁**	**庚**
	申	**巳**	**亥**	**子**
	신궁 : 甲申	명궁 : 丙戌	戊	태원 : 戊寅
사주원국 12운성 →	浴病	旺旺	胎胎	絶死
사주원국 12신살 →	地殺	劫殺	亡神	將星

대운수 →	91	81	71	61	51	41	31	21	11	1
대운 →	丁	戊	己	庚	辛	壬	癸	甲	乙	丙
	丑	寅	卯	辰	巳	午	未	申	酉	戌
대운 12운성 →	墓墓	死生	病病	衰養	旺死	祿胎	帝墓	浴絶	生絶	養墓
대운 12신살 →	安長	驛馬	六害	華慨	劫殺	災殺	天殺	地殺	桃花	月殺

명리는 고법명리와 신법명리로 나뉩니다. 고법명리는 년간년지를 중심으로 해석하는 방식인데 지금은 잘 쓰이지 않고 있습니다. 신법명리는 현대에서 쓰이고 있는 명리로 일간, 즉 자신을 주인공으로 풀이하는 방식입니다.

2. 간지의 기본 개념

음양오행을 들어가기 전 사주명리 간지에서 쓰이는 아주 가장 기본인 개념을 알아보겠습니다. 그래야만 음양과 오행을 배치할 수 있습니다.

천간과 지지를 약칭하여 간지라고 합니다. 4,600여 년 전 황제黃帝시대에 대요大撓가 만들었다고 합니다. 간지의 원시적 뜻은 나무의 줄기와 가지로, 간干은 고대인들이 해를 기록하는 데 사용했고 지支는 달을 기록하는 데 사용했습니다.

간지는 천간과 지지로 구분합니다. 천간에서 쓰는 글자는 갑甲
을乙병丙정丁무戊기己경庚신辛임壬계癸입니다. 지지에서 쓰는 글자
는 자子축丑인寅묘卯진辰사巳오午미未신申유酉술戌해亥입니다. 절
대 위아래로 왔다 갔다 할 수는 없습니다. 천간은 하늘의 기운을
글자로 부호화했고, 사람의 정신, 기운을 상징합니다. 지지는 땅
위에 실재하고 있는 동물에 맞게 배치를 하여 사람에게 현실적으
로 일어나고 결과가 맺어지는 일들에 배속했습니다.

오행		木	火	土	金	水
천간	陽	甲	丙	戊	庚	壬
	陰	乙	丁	己	辛	癸
지지	陽	寅	巳	辰戌	申	亥
	陰	卯	午	丑未	酉	子

천간 중 맨 윗줄에 보이는 甲丙戊庚壬을 陽이라고 합니다. 두
번째 줄 乙丁己辛癸는 陰이라 합니다. 마찬가지로 지지 중 윗줄
寅巳辰戌申亥는 陽이고, 다음 줄 卯午丑未酉子는 陰입니다.

세로의 초록 줄에 해당하는 천간 甲乙, 지지 寅卯는 木에 해당하고, 빨간 줄에 해당하는 천간 丙丁, 지지 巳午는 火에 해당합니다. 노란 줄에 해당하는 천간 戊己, 지지 辰戌丑未는 土, 흰 줄에 해당하는 천간 庚辛, 지지 申酉는 金, 검은 줄에 해당하는 천간 壬癸, 지지 亥子는 水에 해당이 됩니다. 이렇게 음양과 오행을 배속시킵니다.

甲乙丙丁戊己庚辛壬癸는 천간이라 하고, 子丑寅卯辰巳午未申酉戌亥는 지지라고 합니다. 천간 10글자와 지지 12글자 중에 한 사람이 태어난 날의 천간 4글자와 지지 4글자를 생년월일시로 배치하게 됩니다.

04

음양 : 가장 중요한 개념

이제 음양오행陰陽五行을 보도록 하겠습니다. 음양오행은 기氣와 더불어 동양 사람들이 세상을 설명한 방식으로, 우주의 기운을 의미하며 그와 더불어 벌어지는 자연계의 현상을 말합니다.

음양陰陽은 사주명리에서 가장 중요한 개념입니다. 명리학에서 음양은 그 사람의 주변을 이루고 있는 모든 환경, 그 사람이 가진 직업의 성질, 그 사람이 생각하는 심리, 그 사람의 우주를 말하며, 그 사람의 한계치로 인해 그 사람이 잘되건 못되건 그 결과는 다 음양의 운동 속에 존재하는 것으로 봅니다.

우리가 늘 쓰고 있는 우주宇宙라는 단어의 우宇는 공간, 동서남북상하東西南北上下를 말하며 주宙는 시간, 고금왕래古今往來를 뜻합니다. 우주는 말 그대로 우주 전체를 아우르는 말입니다.

음양을 예로 들자면, 물과 불, 밤과 낮, 춥고 더움, 어머니와 아버지, 아내와 남편, 정신과 육체, 천간과 지지, 아침과 저녁, 오전과 오후, 속과 겉, 밝음과 어두움, 무거움과 가벼움, 날숨과 들숨 등 대대待對의 개념을 음양이라고 합니다. 큰 틀에서 봄과 여름이 계절 중 陽에 속한다고 하면 가을과 겨울은 陰에 속합니다. 태어난 시간이 아침부터 저물기 전 시간이라면 陽에 속하고, 해지고 다음 날 아침 전까지를 陰이라고 봅니다.

陽	天	外	始	凸	手	聚	一	左	南	上
	하늘	해	남자	강	적극	위	밖	강함	높음	삶
陰	地	內	終	凹	足	散	二	右	北	下
	땅	달	여자	산	소극	아래	속	약함	낮음	죽음

표에 있는 것들은 음양의 일부입니다. 이 세상 전부가 음양에 속한다고 보시면 됩니다. 프린트해서 갖고 계신 본인의 사주명조를 보면서 적용해보실 것을 권합니다.

명리학에서는 이 음양이 한 개인의 의식과 무의식에 지대한 영향을 끼친다고 봅니다. 대부분의 우주 생명체가 추우면 따뜻한 곳을 찾고 더우면 시원한 곳을 찾는 것도 음양의 원리입니다. 왜 그럴까요? 그 이유는 추위와 더위에 적절히 대비해야만 살아남을 수 있기 때문입니다. 매우 더운 여름에 태어났다면 이 사람이 추구하는 것은 시원함이거나 이 더위를 해갈시켜줄 수 있는 어떤 것이고, 반대로 몹시 추울 때 태어난 사람이라면 따뜻함이나 불을 추구할 것이라고 보는 것입니다.

　　인간은 태양의 힘에 의지해 살아가는 여러 생명체 중 하나입니다. 사람들은 경험을 통해 생명이 탄생하는 순간에 받는 태양 에너지가 그 생명체의 삶과 그 생명체의 특징에 깊은 연관성을 가진다는 것을 알게 된 것입니다. 태양 에너지가 편중되지 않게 중화를 이루어야 나름 괜찮은 삶을 살아갈 수 있다고 본 것입니다. 사주명리에서는 이것의 키워드를 태어난 월月과 시時에 도출해낸 것입니다.

사주팔자 중 가장 핵심이 되는 포인트는 월月과 시時입니다. 년年은 태어난 해, 월月은 태어난 달, 일日은 태어난 날, 시時는 태어난 시간을 말합니다.

월은 태어난 달, 즉 계절입니다. 어느 계절, 어느 시간에 태어났느냐는 큰 틀에서 陰과 陽으로 이야기할 수 있습니다. 여름, 밤의 시간에 태어났다면 여름이라는 계절은 陽, 밤이라는 시간은 陰에 해당합니다. 여름, 낮의 시간이라면 여름이라는 계절은 陽, 낮의 시간도 陽에 해당합니다. 그 사람이 태어난 달이 몹시 더운 여름이고 태어난 시간도 한낮이라면 이 사람은 陽 계절에 陽 시간을 만난 것입니다. 陽과 陰이어야 균형이 맞는데 陽과 陽이 만나니 음양의 관계가 陽으로 치우쳤다고 보는 것입니다.

음양은 항상 상반되게 존재합니다. 여기서 '陽이 좋고 陰이 나쁘다'라는 개념이 아니라 陽이 있어 陰이 존재할 수 있고, 陰이 있어 陽이 존재할 수 있다는 것입니다. 이 음양이 서로 협력해서 만물의 생장수장生長收藏을 돕기도 하고, 그 생장수장 안에서 서로 제어하면서 적절한 균형을 만듭니다.

  음양은 딱 떨어져 따로 존재하는 것이 아니고 陰이 陽으로 전환되었다가 다시 陰으로, 陽이 陰으로 전환되었다가 다시 陽으로 전환하며 순환합니다. 밤과 낮의 구분으로 이해해보면 이해가 쉬울 것입니다. 어디가 밤이고, 어디가 낮일까요? 선으로 그을 수 있을까요? 밤과 낮은 늘 동시에 존재합니다. 해가 뜨면 낮이었다가 해가 지면 밤이 되는 원리를 생각해보시면 됩니다. 해가 떴다고 달이 아예 없어진 것이 아닙니다. 잠시 자기를 감추고 있는 것뿐입니다.

05

오행 : 땅 위에서 이루어지는 음양

이제 오행五行을 알아보겠습니다. 앞서 설명한 음양은 우주의 대전제로 우주 기운의 배치였습니다. 이 음양 기운과 연동되는 오행으로는 목木화火토土금金수水가 있습니다.

음양이 우주, 즉 하늘과 관련된 개념이라면 오행은 땅과 관련된 개념으로, 실제 생활에 꼭 필요한 개념을 5가지로 분류한 것입니다. 즉 우주의 음양이 땅 위에서 이루어지는 것이라고 할 수 있습니다. 사람을 포함한 땅과 관련된 개념으로 木火土金水 5가지를 제시한 것입니다.

木은 초록색(파란색) · 동쪽 · 봄이고, 火는 빨간색 · 남쪽 · 여름입니다. 土는 노란색 · 중앙 · 환절기에 해당합니다. 金은 흰색 · 서쪽·가을이고, 水는 검은색·북쪽·겨울에 해당합니다.

우주 전체가 음양이라고 한 것과 마찬가지로 오행은 지구상에 존재하는 모든 것들을 5가지로 분류한 것이니 지구에 있는 모든 것은 오행에 속한다고 보면 됩니다.

아래 표에서 제시한 것은 그 무궁무진한 것 중 대여섯 가지에 불과합니다. 그러니 오행 역시 여기에 한정하시면 안 됩니다.

오행	木	火	土	金	水
물질	나무	불	흙	금속	물
색	초록(파랑)	빨강	노랑	하양	검정
방향	동	남	중앙	서	북
계절	봄	여름	환절기	가을	겨울
온도/습도	따뜻한 것	더운 것	습한 것	서늘한 것	추운 것
시간	아침	점심	사이	저녁	밤

1. 오행五行의 상생상극相生相克

오행의 상생상극相生相克을 알아볼 차례입니다. 음양이 모이고 흩어지는 취산聚散으로 이루어지는 행위라면 오행은 상생상극으로 구성됩니다. 오행의 상생상극은 한 오행이 다른 오행을 도와 힘을 보태주기도 하고 반대로 제어하기도 한다는 의미입니다.

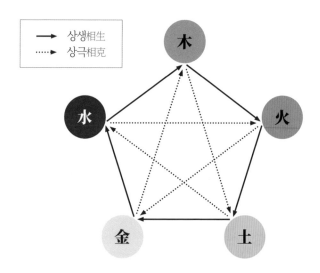

표에서 바깥 부분을 도는 일직선의 화살표는 해당 오행을 도와주는 상생相生이고, 표 안쪽의 점선 화살표는 해당 오행을 제어하는 상극相克입니다.

상생은 그 기운을 북돋아준다는 의미입니다. 상극은 기운을 감소시킨다는 의미로, 더는 그 기운을 발휘하지 못하게 함과 더불어 또 다른 새로운 기운을 열게 하는 운동성을 뜻합니다.

생生은 자기가 상생하는 오행에게 끊임없이 뭔가를 해주는 관계이고, 극克은 상극의 오행을 계속 불편하게 만들어 기운을 쇠하게 만드는 것입니다.

상생을 물상으로 치환해보면 물은 나무를 돕고, 나무는 불을 돕고, 불은 땅을 돕고, 땅은 금을 돕고, 금(쇠)은 다시 물을 돕는 관계입니다. 상생의 방향과 순서는 맨 위 목木부터 시작해서 목생화木生火, 화생토火生土, 토생금土生金, 금생수金生水, 수생목水生木,

다시 목생화木生火로 돌며 계속 순환하는 구조입니다. 상생은 木火土金水 중 어느 자리에서 시작해도 이 구조로 순환합니다.

상생의 행위는 즉, 겨울은 다음 봄에 태어날 생명을 위해 봄을 돕고, 봄은 다시 여름이 꽃을 잘 피울 수 있게 여름을 돕고, 여름은 너무 극성스럽게 더워지는 자신을 불로 사라지지 않게 반드시 조절해야 하므로 환절기 土를 돕습니다. 다시 환절기 土는 여름 火의 더운 기운을 적절히 조절하여 열매들이 제대로 단단해져 결실을 거둘 수 있도록 가을 金에게 기운을 보태줍니다. 가을 金은 봄 木부터 만물이 생장과 성장으로 부단히 가을까지 달려오는 것을 마무리하고 결과물 수확을 끝으로 온 우주가 휴식에 들어갈 수 있도록 겨울을 돕게 됩니다. 이게 우주 자연의 이치이며 명약관화明若觀火한 진리입니다.

상극의 방향과 순서는 목극토木克土, 토극수土克水, 수극화水克火, 화극금火克金, 금극목金克木, 다시 목극토木克土로 계속 순환하는 구조입니다. 상생의 자리에서 한 칸씩 더 나아간 자리입니다. 극은 기운을 감소시켜 또 다른 새로운 기운을 연다고 했습니다. 쉽게 다음과 같이 풀이해서 설명하고자 합니다.

봄 목木

봄 木은 여름 火를 잠재우고 가을 金을 열고자 하며 환절기 土가 너무 무성해지지 않도록 제어하는 작용을 합니다. 환절기 土가 너무 앞서 자기 역할을 하게 되면 꽃이 제대로 피지 않습니다. 꽃이 제대로 피어야만 제대로 된 열매를 맺을 수 있습니다.

또한 환절기 土는 겨울 水가 너무 지나치게 준비해 봄 木에게 끊임없이 퍼주고 돕는 것을 경계합니다. 아무리 좋은 것도 적당한 경계가 꼭 필요합니다. 돕겠다는 생각으로 아직 자라지도 못한 작은 싹에게 계속해서 물을 주면 그 싹은 자리를 잡아 다 크기도 전에 뿌리가 썩을 것입니다. 알묘조장揠苗助長이 되는 것입니다.

여름 화火

여름 火는 가을 金을 억제하고 제어합니다. 표에서는 火生土지만 계절로 보면 이 구간에서는 여름 다음으로 가을이 옵니다. 표(40쪽 참조)를 보면 계절이 오행의 순서로 순환되는 것 같지만 사실 계절은 그러한 흐름대로 돌아가지 않습니다. 봄과 여름 사이에 환절기, 여름과 가을 사이에 환절기, 가을과 겨울 사이에 환절기, 겨울과 봄 사이에 환절기가 있는 것이지 환절기라는 계절이 따로 존재하지는 않죠.

계절의 이치로는 가을 金은 반드시 여름 火의 뜨겁고 강렬한 햇볕의 조력이 있어야만 열매를 맛있고 튼실하게 만들 수 있습니다.

가을 금金

가을 金은 다시 봄 木을 제어합니다. 봄 木은 반드시 가을 金의 제어가 필요합니다. 이런 제어가 없다면 제멋대로 마구 웃자라기 때문입니다. 그러니 꼭 필요한 기운이죠. 아이들도 적당한 제어와

통제가 가해져야 버르장머리가 생겨 예의범절을 배우고 조심합니다.

겨울 水水

겨울 水는 여름 火가 너무 극렬해지는 것을 제어합니다. 여름 火가 더위로 너무 극렬해져버리면 가을 金을 제대로 만들 수 없기 때문입니다. 뜨거운 용광로를 생각해보시면 될 듯합니다. 쇠는 용광로 안에 들어가면 형체도 없이 녹아버립니다. 여름 火가 너무 강하면 가을에 거두어들일 것이 하나도 남아나지 않기에 겨울 水가 여름 火의 난동을 조절하는 것입니다.

生한다고 다 좋은 것도 아니고 剋한다고 다 나쁜 것도 아닙니다. 상생이 있다면 반드시 상극도 존재해야 한다는 것이 이치입니다. 이것이 음양의 원리입니다. 도울 때는 도와야 하지만 그것도 적절하게 해야 합니다. 그리고 반드시 걸림과 좌절을 겪어야만 다시 살 궁리가 생기는 법입니다. 자식이 예쁘고 사랑스럽다고 물심

양면으로 무한정 다 해주면 무엇인가 해볼 마음이 생기지 않는 것과 마찬가지입니다.

상생과 상극은 죽거나 살거나 하는 문제가 아니라 시간성, 공간성으로 적절한 순환과 조합이 중요합니다. 하늘에 온종일 해가 떠 있는 낮만 존재한다고 가정해봅시다. 아마도 우리는 점점 생명을 유지하기가 어려워질 것입니다. 그러니 '좋다, 나쁘다'의 문제가 아니라 어느 때 얼마만큼 적절히 生하고 적절히 克해서 조화를 유지하는지가 중요합니다.

조금 더 보충 설명하자면, 상생은 내가 원하지 않아도 도와주는 기운으로 늘 충족되니 순리대로 편하게 살고자 하고, 펼쳐지는 기운 그대로 순응하며 가고자 합니다. 반면에 상극은 원하지 않아도 억제와 제어를 받게 되니 어쩔 수 없이 다른 새로운 돌파구를 찾게 되고, 그 귀결로 원하든 원하지 않든 간에 자기 상황을 극복하는 원동력을 갖게 됩니다. 어려운 환경을 극복해내고 더 나아가 재창조가 가능한 힘을 만듭니다. 물론 순한 기운이 아니니 주변이 시끄럽고 복잡해질 수는 있습니다.

자신의 사주명조를 보면서 직접 적용해보시기 바랍니다. 사주원국에 木만 많다면, 火만 많다면, 金만 많다면, 水만 많다면, 많기 때문에 반드시 문제가 생길 것입니다.

한 사람은 천간 10개와 지지 12글자 중 딱 8글자만을 가질 수 있는데 어느 글자 하나만 많다면 반드시 부족하거나 없는 글자가 생깁니다. 그러면 다시 그 글자가 없어서 생기는 문제가 발생합니다. 이 상황을 보면 내가 무엇이 많고 무엇이 부족한지가 보입니다. 그러면 의도적으로 어떠한 기운을 덜 쓰고 어떠한 기운을 억지로라도 만들어야 하는지 한눈에 들어올 것입니다.

앞서 이야기한 음양에서 '陰이 좋다, 陽이 좋다'의 문제가 아니라 어떻게 적절하게 균형을 맞추는지를 중요하게 여겼던 것처럼,

오행에서도 '木이 좋다, 火가 좋다', '상생이 좋다, 상극이 나쁘다' 하는 문제로 보지 않습니다.

지금 나의 상태가 좋다면 상극을 피해야 하고, 반대로 지금 나의 상태가 아주 나쁘다면 상극의 힘이 절대적으로 필요한 것입니다. 역시 상생상극도 음양과 마찬가지로 조화가 중요합니다.

본인의 사주원국에서 오행을 구분하고 이 오행이 生이 되는지, 克이 되는지를 살펴볼 필요가 있습니다. 生과 克을 볼 때도 천간은 천간대로, 지지는 지지대로 구분해서 봅니다.

2. 오행의 의미

이제 오행의 의미를 알아보겠습니다. 오행은 목화토금수라고 말씀드렸습니다. 그리고 그 목화토금수는 상생과 상극을 한다고 했습니다. 이 개념을 잊지 마시고 잘 따라오십시오.

木火土金水는 땅 위의 인간을 포함한 물질을 5가지로 구분했다고 했습니다. 이렇게 대분류로 나눈 개념이니 그 안에 어떤 것들을 포함하고 있는지를 살펴보겠습니다. 본인의 사주명조를 보면서 들으시면 훨씬 이해가 쉽습니다.

목木

기운의 방향	↑↑ 상승
욕망	의욕, 굽히지 않는 모양, 일관성
관점	어린 시절, 시작의 단계, 미래 지향, 수직 상승
관심	교육, 제조, 기획, 디자인, 출판, 창조적 성분

木은 시작과 창조의 대명사입니다. 왜 시작과 창조의 대명사라고 했을까요? 木에 해당하는 대표적인 것은 동방東方, 초록색(파란색), 봄입니다. 봄을 다시 한 번 떠올려보세요. 추운 겨울이 지나면 봄이 도래합니다. '봄' 하면 무엇을 느끼시나요? 따뜻해짐, 새싹이 돋을 것이라는 희망, 겨우내 너무 추워서 다시는 초록의 희망

이란 것이 오지 않을 것 같았는데 만물이 그 추위를 이겨내고 다시 살아나고 있음을 느낄 것입니다. 그래서 木 기운의 방향은 수직성, 일관성으로, 한번 계획을 세우면 잘 안 바꾸는 집념과 끈기를 말합니다.

처음 시작하는 자리로 어린 시절에 해당하며 하고자 하는 욕심이 많아 의욕이 넘쳐 일을 잘 벌이고 잘 해냅니다. 오행의 첫 번째로 갈 길이 멀기에 늘 꿈과 희망으로 꾸준히 하는 일에 매진하며 할 일이 많아 분주합니다. 봄의 기운과 느낌을 떠올려보시면 됩니다.

봄은 바쁜 계절입니다. 동방에 해당하며 봄에 돋아나는 새싹이니 성격이 다정다감하고 인정도 많습니다. 한겨울 한파에 얼어버렸다면 다시는 존재할 수 없었을 수도 있었겠지만, 얼어 죽을 수도 있다는 두려움을 견디고 시련을 뚫고 나온 새싹이다 보니 수중에 가진 것이 본인 자신 외엔 단 하나도 없습니다. 그러니 늘 주변에 친절하고 사람을 부드럽게 대하고 긍정적으로 살아야만 도움을 줄 누군가가 나타날 것입니다.

木을 사주팔자에 갖고 있다면 이런 느낌, 이런 마음, 이런 행동을 한다고 보아 木에는 해가 뜨는 동쪽을, 새싹의 돋아나오는 초록색(파란색)을, 인생의 가장 어린 시절을, 미래 지향적 성향을, 한 해의 시작이기도 하므로 희망을 배치한 것입니다.

화火

기운의 방향	↖↑↗ 확산
욕망	외세욕, 끊임없이 자신을 드러내고자 하는 욕구
관점	청년 시절, 전성기의 단계, 확장
관심	빛, 언론, 연예, 방송, 홍보, 마케팅, 정치, 법률, 유명한 것, 소문이 잘 나는 것, 외근직, 의료

火는 성장과 확산의 대명사입니다. 큰 틀에서 木火土金水는 계절로 치환해서 생각해야 합니다. 木을 나무, 火를 불, 土를 흙, 金을 쇠, 水를 물에 상응시켜 배치한 것은 오행의 수많은 요소 중 단 한 가지일 뿐입니다. 남쪽, 여름, 불, 성장, 화려함, 확산, 실리, 명예 등등 일일이 다 거론하기 어려워 火에 불이라는 대표적 상

징성을 부여한 것뿐입니다. 木火土金水 각각의 오행을 생각하실 때 이 점을 반드시 염두에 두어야 합니다.

火는 木이 좀 더 성장하여 모양이 드러난 상태를 말합니다. 남쪽, 명예를 뜻하고, 하늘에 떠 있어야 하는 상태로, 돈이 안 돼도 세상에 이름이 나야 합니다.

꽃을 생각해보면 쉽게 이해할 수 있습니다. 꽃이 필 때 열매가 꼭 맺어진다는 보장은 없습니다. 그러나 가장 화려하게 펴야만 벌에게 선택을 받을 수 있습니다. 그래야 열매를 맺고 후손을 번식시킬 수 있는 확률이 높아집니다. 따라서 일단 외양이 가장 화려해야 하는 것입니다.

火는 정보, 멋진 것, 멋진 직업군, 마케팅(알리는 행위), 젊은 시절에 해당하며, 외세욕이 있어 남에게 잘 알려지고 잘 보이려 예의(남에게 잘 보이려는 마음)를 차리는 구간입니다.

사주에 火가 있다면 이런 행동 양식을 보여줍니다. 즉 木은 木의 방식대로, 火는 火의 방식대로, 土는 土의 방식대로, 金은 金의 방식대로, 水는 水의 방식대로 행동한다고 보시면 됩니다.

土

기운의 방향	←→ 조절
욕망	무욕, 중용을 지키려는 마음, 내면에 간직하려는 마음
관점	결혼 과정(음양의 화합), 상승과 하강 운동의 교차, 수축과 이완 작용
관심	따라가는 것을 좋아함, 중간자 입장, 치우치지 않으려는 마음, 중개, 건축, 부동산

土는 음양의 화합과 조절의 주재자로, 음양이 교합해 있는 모습입니다. 중화지기로 자체적 특성을 내보이기보다는 이쪽저쪽을 중재하는 역할로 고유한 색깔이 뚜렷하지 않습니다. 그래서 자칫 잘못하면 음흉해 보일 수도 있습니다.

남의 이야기는 다 듣고 본인이 하고 싶은 말은 잘 하지 않는 경향이 있습니다. 중간자적 입장이기 때문에 그럴 수밖에 없습니다. 土는 봄과 여름 사이, 여름과 가을 사이, 가을과 겨울 사이, 겨울과 봄 사이에서 부드럽게 마무리를 잘 해주어 다음 계절로 자연스럽게 이어주는 역할을 하기 때문입니다.

금金

기운의 방향	↙↓↘ 하강
욕망	물욕, 구분하여 확정지으려는 마음
관점	중년의 인생 과정, 자식 잉태(결실), 하강 운동, 실리 지향, 현실적, 냉정함, 단절의 힘, 섬세한 관점
관심	결실, 실리, 의리, 자신에게 채우려는 마음

金은 오곡백과 결실의 대명사로 결과욕, 물질욕을 말하며 실리 지향적입니다. 또 모든 인간에게 공통으로 돈을 의미하기도 합니다. 계절로 보면 가을에는 얻는 것이 많은 시기입니다. 그래서 金이 있어야 자기 것으로 만들 수 있습니다. 그러나 金이 너무 많다면 그 마음이 지나쳐 욕심이 많아지기도 합니다.

만물의 수렴 운동을 金으로 표시합니다. 金이 시작되는 자리는 음양과 오행의 대세 속에서 여태까지 木火에서부터 커진 양기가 뭉치는 자리입니다. 그래서 겉은 딱딱하고 속은 물렁물렁한 상태를 유지합니다. 이 모양은 가치 있는 것을 안에 감싸고 있는 모습입니다. 가을에 결실을 거두는, 껍질은 단단하고 과육은 부드러운 과실과 열매들을 생각해보시면 됩니다.

金은 중년의 시절을 의미하고, 열매를 나뭇가지에서 잘라 떨어뜨려야 하니 예리합니다. 겉은 차갑지만 그 속에 인정은 많습니다. 잘라야 하기에 좋은지 나쁜지 자꾸 분별하려고 하는 흑백논리가 발달했습니다.

생명력이 더 자라게 놔두면 안 되기에 자라지 못하게 하는 숙살지기肅殺之氣이며, 잎사귀인지 열매인지를 가려 열매를 거두고자 목적 달성을 중요시 여깁니다. 그래서 편을 갈라 남의 편은 자르고 우리 편은 애지중지합니다.

수水

기운의 방향	↘↓↙ →← 응축
욕망	소유욕, 품고 감추려는 마음, 야망, 야심
관점	노년의 인생 과정, 응집력, 응축 운동, 지구력, 자신만의 세계, 인내
관심	핵심, 내면, 본질, 미지의 세계에 대한 호기심, 인생의 마무리

水는 열매가 땅에 떨어지면 씨만 남는 상태로, 陰이 지나치다 못해 쥐어짜는 상태입니다. 이때는 만물을 최소한의 단위인 핵核의 상태, 생명이 가장 작은 단위로 뭉쳐진 정자의 상태로 응집하려고 합니다. 또 갈무리, 마무리의 대명사로 소유욕이 강해 뭐든지 자기에게 끌어들입니다. 金이 돈이 되게 끌어들인다면 水는 그저 내 옆에 있게 하려는 소유욕입니다.

뭉쳐진 생명 에너지로 지구력이 매우 좋아 오래 앉아 있을 수 있는 인내력이 있습니다. 水는 언제나 자기에게로 끌어들여 새로운 봄을 열고자 준비합니다. 그래서 木의 수직적 반발력은 水가 이렇게 끌어모은 응축력으로 밀어주는 힘에서 나옵니다. 水는 야심이 매우 강합니다. 또 현실에 존재하지 않는 것을 다루거나 컴컴하고 잘 안 보이는 데서 하는 일을 다루게 됩니다.

각자의 사주명조를 보면서 음양을 구분하고, 오행을 대입하고, 오행의 상생상극과 오행의 의미를 부여해서 적용해보시기 바랍니다.

06

천간지지 : 10간과 12지지

천간지지天干地支를 알아볼까요? 천간지지의 전체 개요는 앞에서 말씀드렸습니다. 천간인 갑甲을乙병丙정丁무戊기己경庚신辛임壬계癸와 지지인 자子축丑인寅묘卯진辰사巳오午미未신申유酉술戌해亥 각각의 내용을 좀 더 구체적으로 알아보겠습니다.

1. 천간天干

오행		木	火	土	金	水
10간	陽	甲	丙	戊	庚	壬
	陰	乙	丁	己	辛	癸
색		초록(파랑)	빨강	노랑	하양	검정
방향		동	남	중앙	서	북
계절		봄	여름	간절기	가을	겨울

천간 10간 甲乙丙丁戊己庚辛壬癸는 하늘의 단위입니다.

갑甲

'甲은 甲에서 나온다出甲於甲.'

이 부분은 『사기』 「율서」와 『한서』 「역율지」에서 천간과 지지를 해석한 글을 옮긴 것입니다. 뒤에 계속 나오는 부분도 다 마찬가지입니다.

甲은 새싹이 흙을 뚫고 나오는 최초의 생성 현상 모습으로 陽의 시작이고 木의 대표로 오행의 첫 번째에 해당합니다. 갑은 앞서 이야기한 오행, 木火土金水의 木으로 그 의미도 거의 비슷합니다. 다만 甲부터 癸까지는 천간에 해당하며, 기운과 정신에 배치합니다.

하나의 기운으로 높이 솟아올라 모든 것의 결과를 이루고자 합니다. 직진성으로 자기의 뜻대로 밀어붙이는 힘입니다. 그러니 미래를 위해 달려가는 지구력이 좋아 아주 미래지향적입니다.

甲은 억압 속에서도 그것을 이겨내려는 반발력이 있고 우두머리의 기질도 갖고 있지만, 반면 겉만 그렇지 속은 아직 다 차지 않아 부드러운 내면을 소유하고 있습니다.

을乙

'乙에서 떨쳐 나와 발을 내디딘다奮軋於乙.'

초목이 삐져나와 성장하는 단계입니다. 완연해진 봄의 기상으로 유연하며 진짜 부드러움의 상징이라 할 수 있습니다.

걸림을 만나면 갑은 맞부딪쳐 뚫고 나가고자 하지만 乙은 부딪치면 피해서 갑니다. 절대 맞부딪치지 않으려 합니다. 甲은 陽, 乙은 陰으로 乙은 陰의 특성이니 고개를 숙이고 이기려 들지 않아 다치지 않습니다. 그래서 극단을 가지 않아 긴 생명력을 가지고 있습니다.

여기서도 마찬가지로 '乙이 나쁘다, 乙이 좋다'가 절대 아닙니다. 甲은 甲대로 乙은 乙대로 차이가 있을 뿐입니다. 陽은 陽대로 陰은 陰대로의 장단점이 동시에 공존한다고 보면 됩니다.

병丙

'丙에서 밝게 빛난다明丙於丙.'

양기가 충만해지기 시작하여 생물의 생장이 두드러지는 단계입니다. 빛을 상징하니 퍼지려는 기운, 태양과 같은 기운(태양이라는 뜻이 아닙니다)으로 외부로 확장하고자 하는 욕심을 뜻합니다. 火는 날이 완전히 밝아 훤한 대낮이니 상대에게 자신이 잘 보이므로 항상 예의를 차리게 됩니다.

음양 중 陰인 水는 에너지의 집약체입니다. 陰의 반대편 陽인 火는 겉은 화려하고 멋있지만 기운이 분산되고 밀도가 최소화되어 에너지는 가장 약합니다. 그래서 유명하고, 화려하고, 멋있고, 겉이 번드르르하게 보이지만 火 이전에 木에게 生받지 못하거나 또 火의 완전한 반대편인 水가 부족해지면 그 생명이 오래가지 못합니다.

장작을 말릴 때 완전히 바싹 말리지 않는 이치와 같습니다. 장작을 바싹 말리면 빠르게 타버립니다. 장작 안에 일정한 음기인 水가 있어야만 불 조절도 되면서 오랫동안 불이 유지되는 것입니다. 이렇게 火만 있으면 일찍 터뜨리는 샴페인처럼 일찍 저물 수밖에 없습니다, 또 火는 약간 무리하는 기운이라 빠르게 지쳐 지구력 부족을 보일 수 있습니다.

정丁

'丁에서 크게 왕성한다大盛於丁.'

초목이 완연히 성장하여 견실하게 되는 단계입니다. 완전한 여름으로 더 많이 드러내면 안 되기에 속으로 그 열을 가두고 있는 상태(글자 끝이 오므라든 모양), 陽이 속에 감춰진 것으로 안에 열정이 가득하며 실력을 갖추고 있습니다. 丙과 다르게 잘 표현을 하지 않아 소극적으로 보이지만 속은 열정적인 폭탄을 탑재하고 있어 안 할 것도 같으면서 해야 할 일은 열심히 다 합니다.

무戊

'戊에서 풍성하게 번영한다豊茂於戊.'

나날이 무성해져 양기를 덮는 작용을 합니다. 기운을 내면으로 집중시켜 만물을 끌어안는 작용을 하므로 남의 이야기를 잘 들어줍니다.

안으로 감추려는 기운이 강해 진짜 중요한 이야기는 털어놓으려 하지 않는 경향이 있습니다. 戊도 열정이 안으로 감춰진 상태입니다.

기己

'己에서 기강을 다스린다理紀於己.'

초목이 억눌렸다가 생기가 돌아 성숙의 시기에 이른 단계입니다. 고요함을 의미하며 陽의 운동이 멈춰 상승에서 하강 운동으로 바뀐 것을 말합니다.

戊와 비슷하지만 약간 다릅니다. 戊는 그 공간에서 통제 정리하려 하는 반면 己는 중심을 잃지 않으려는 戊와의 공통된 특성을 보여주면서도 통제, 정리하려고는 하지 않습니다.

듣기만 할 뿐 말은 잘 하지 않고 자신이 생각하고 있는 바를 구체적으로 꺼내 의견 제시를 하지 않습니다. 그래서 기운이 조금 지나치면 음흉해 보일 수도 있습니다.

土는 전반적으로 우직한 성향을 갖고 있습니다. 그림(66쪽 참조)에서 보는 바와 같이 己에서 陽이 정리되고 陰이 시작하기에 매우 신중합니다.

경庚

'庚에서 다시 바꿀 것을 바란다斂更於庚.'

열매가 다 수확되었다는 개념입니다. 寅이 陽의 시작점이었다면 일곱 번째 천간인 庚은 陰의 시작으로 수렴의 첫 번째 단계입니다.

생명체에 더 이상의 광합성을 멈추게 하는 숙살지기로, 좁은 공간에 가두어 생명을 더 자라지 않게 합니다. 그러나 다 죽이면 안 되는 지점을 구분해야만 하는 예민함과 까다로움을 지니고 있어 매우 피곤할 수 있습니다.

金을 갖고 있다면 확실히 구별하고 싶은 마음, 마무리 짓고자 하는 마음, 내외를 구분하는 흑백논리, 자기 편에 대한 의리를 의미하기도 합니다.

신辛

'辛에서 진실로 새로워진다悉新於辛.'

寅부터 시작했던 만물의 생장이 성장을 끝내 庚에서 수확을 시작하고, 辛부터는 만물이 다음에 다시 한 번 생명의 싹을 틔우고 자라날 수 있게 해줄 기틀을 마련하기 위해 준비하는 단계입니다.

이 자리에서 떨어뜨릴 것들은 다 떨어뜨리고 재정비하여 새로운 생명의 바탕을 만듭니다. 또 庚부터 시작한 가을의 결실을 최종적으로 마무리하는 단계입니다. 겉은 쓸 것, 못 쓸 것, 가질 것, 버릴 것의 분별이 극단에 달해 매우 까다롭고 섬세하고 무뚝뚝하지만, 속은 양기, 즉 먹을 것을 모아놓는 상태입니다.

임壬

'壬에서 품는다懷妊於壬.'

앞 글자 辛에서 새로 시작할 기틀을 마련한 후 다시 壬에서 본격적으로 새로운 생명이 잉태되기 시작합니다.

먹을 것은 다 수확했고 씨앗들은 땅에 떨어진 상태로, 추위 속에서 최소한의 핵核의 단위로 만물을 응집해 대비하려는 기운이라 욕심이 많습니다. 이 욕심은 사사로운 욕심이라기보다는 다음 세대를 준비하기 위해 끌어모으는 욕심이라 볼 수 있습니다.

陰의 극단인 水는 陰으로 고요한 것처럼 보이지만 절대 고요하지 않습니다. 소리를 내거나 부산스럽지 않게 만사가 다 자기 것이라는 생각으로 모든 것을 취합하여 폭발하기 직전까지 모으는 것입니다.

계癸

'癸에서 베풀고 관리한다陳揆於癸.'

辛에서 기틀을 마련하고 壬에서 새로운 생명의 잉태를 준비합니다. 새 생명이 이미 밑바탕에서 싹을 틔울 때를 기다리며 세상으로 나갈 준비를 하는 단계입니다. 壬에서 가두려는 단계가 끝나 고요하고 말이 필요 없는 상태로, 터트리기 일보 직전의 단계입니다. 그래서 매우 조용하며 내외를 철저하게 분리하고 조심해야 하는 상태이니 이질적인 것에 대해 차갑고 냉정하며 간섭하는 것도 싫어합니다.

癸는 陰 中 陰으로 壬과 더불어 지구력 또한 대단하며 밤에 많은 생각을 하니 영리하고 계획적이기도 합니다.

천간 甲乙丙丁戊己庚辛壬癸와 지지 子丑寅卯辰巳午未申酉戌亥를 다음 그림처럼 원으로 그려서 이해하셔야 합니다. 이 그림을 항상 기억하시기 바랍니다.

2. 지지地支

지지	子	丑	寅	卯	辰	巳	午	未	申	酉	戌	亥
음양	陰	陰	陽	陰	陽	陽	陰	陰	陽	陰	陽	陽
오행	水	土	木	木	土	火	火	土	金	金	土	水
색	흑	황	청	청	황	적	적	황	백	백	황	흑
방향	북	북	동	동	동	남	남	남	서	서	서	북
계절	겨울	겨울	봄	봄	봄	여름	여름	여름	가을	가을	가을	겨울

천간 10간을 다 알아봤습니다. 이제 땅에 해당하는 12지지의 개념에 대해 알아봅시다. 지지에 해당하는 12지지는 자子축丑인寅묘卯진辰사巳오午미未신申유酉술戌해亥로 우리가 태어날 때 띠로 쓰는 동물입니다.

앞서 설명한 천간 10간과 12지지를 순서대로 곱하면 60이 나옵니다. 하늘을 상징하는 10개의 천간과 땅을 상징하는 12개 지지가 만나 60개의 기호가 만들어졌고, 이 60개 조합이 甲子에서 시작하기 때문에 60갑자라고 하는 것입니다.

천간 10간은 천수상天垂象으로 정신적이고, 기운을 지니는 것과 연관성이 있고, 12지지는 지수형地受形으로 천간과 다르게 실제 보이고 얻어지는 것을 뜻하며 해당 동물에 배속시켰습니다. 이와 더불어 12지지에 해당하는 동물도 같이 알아보도록 하겠습니다.

자子

'만물이 아래에서 번식하고 子에서 낳고 싹튼다萬物滋於下孶萌於子.'

子는 지구의 시간이 시작되는 자리로 아주 한밤중 어두운 곳, 정신적인 면에 해당합니다. 잘 움직이지 않습니다. 동토凍土의 어둠 속에서 생명이 움트는 준비 단계로 음도달즉양시생陰到達卽陽始生, 즉 陰이 극단에 이른 때(동짓달)입니다. 그러나 아직은 기운만 있는 상태로 싹이 움틀 준비 중입니다. 또 한밤중이니 한적한 시공간에 해당하며, 생명을 관장하는 일에 해당합니다.

子에 해당하는 동물은 쥐로, '불어나다'라는 뜻과 더불어 영리하고 재빠르고 귀여움을 상징하며 지혜와 정보가 넘쳐나 현명함의 상징이기도 합니다. 민담 속에서는 어려운 문제를 해결해 사람에게 은혜를 갚거나 출세를 돕는 동물로 등장하기도 합니다.

근면함을 상징하는 강한 활동력이 있고 재물과 부의 상징으로 보기도 했습니다. 물과 불의 기원을 미륵에게 알려줬다고 하는 신성한 동물로, 재앙이나 농사의 풍흉, 뱃길 사고를 예견하는 영물이기도 합니다.

가끔은 구차하고 하찮은 존재를 표현할 때 쥐에 비유하기도 합니다. 농작물에 피해를 주는 동물로 인식되어 있고, 그렇기 때문에 정월 대보름 쥐불놀이 행사에서 하는 것처럼 퇴치해야 하는 동물로 여겨지기도 합니다.

작고 왜소하고 하찮은 동물로 비유되며 쥐의 근면성이 도에 지나치면 탐욕의 이미지로 바뀌어 간신, 수탈자, 부도덕, 재앙, 병을 옮기는 것에 비유되기도 합니다.

축丑

'丑에서 치아를 연결한다紐牙於丑.'

초목이 흙에서 싹을 내고 땅 위로 나오려 애쓰고 있는 상황으로, 소한절에 해당하는 가장 추운 시기이기도 합니다. 木을 앞두고 있어 속으로는 야망이 아주 큽니다. 자신이 품고 있는 뜻은 큰데 아직 동토凍土로 장이 펼쳐지지 않은 상태입니다. 그래서 해야 할 일의 계획과 목표를 준비하고 있는 상황입니다.

소는 되새김질하는 동물로 인간과 친밀하게 지내는 동물 중 하나이며 재산으로 상징됩니다. 강한 힘과 풍부한 노동력을 지닌 농사의 주역이라 풍요를 가져다주는 동물로 봅니다.

유유자적, 여유로움, 평화로움, 고집스러움, 어리석음, 아둔함의 대명사로 보기도 합니다. 소가 지닌 순박함과 근면성, 우직하고 충직한 특성을 빌어 '소같이 일한다', '소같이 번다', '드문드문 걸어도 황소 걸음'으로 표현합니다. 또한 소는 인내, 성실로 상징되며, '소에게 한 말은 안 나도 아내에게 한 말은 난다.'라는 표현이 있을 정도로 소는 신중함도 함께 가지고 있습니다.

〈삼강행실도〉의 의우도, 의우총, 제주도 삼성혈 신화에서도 소가 등장합니다. 고구려 고분벽화에서도 소가 농사의 신으로 표현되고, 꿈에 황소가 자기 집으로 들어오면 부자가 된다든가 소의 형국에 묏자리를 쓰면 자손이 부자가 된다든가 하는 속설도 있습니다. 돼지, 양과 더불어 소는 제천의식에 제의용, 순장용, 풍년 기원용 제물로 쓰였습니다. 대문에 소고삐나 소뼈를 걸어두면 악귀를 퇴치한다고 생각하기도 했답니다.

인寅

'만물이 처음으로 구불구불 생겨난다萬物始生螾然也.'

차가운 흙에서 어렵게 싹튼 초목이 봄볕을 쐬면서 땅 위로 나오는 것을 형상화했습니다. 寅月은 새해를 시작하는 정월입니다. 寅과 더불어 뒤에 나올 巳申亥는 역동성을 뜻해 역마살驛馬殺이라고 합니다.

寅은 '호환'이라는 무서움의 대명사이므로 권력성, 즉, 권력을 가질 수 있는 테마(돈, 법무, 정치, 언론, 통신, 자동차, 군인)에 해당합니다. 무서움, 용맹함의 상징이기도 하지만 인간의 은혜를 갚는 보은의 동물로 여겨지기도 합니다. 불교의 산신각의 호랑이는 산신사자

(심부름꾼)로 인간의 길흉화복을 관장하며 영웅의 보호자나 국조의 조력자로 표현됩니다. 단군신화에서 호랑이가 100일을 못 버텨내 결국 인간이 되지 못했듯이 조급함과 패배를 뜻하기도 합니다. 동양화에 나오는 소나무는 장수를 뜻하며, 까치는 기쁨을, 호랑이는 보은을 상징합니다.

묘卯

'만물이 번성한다萬物茂也.'

卯는 만물을 번성시키기 위해 이동하며 잦은 변화를 하고, 빠르게 번성해야 하므로 동시에 여러 가지를 기획합니다. 같은 木인 寅木이 일단 싹틔워 쭉 자라게 한다면 卯木은 좀 더 풍성하고 넓게 포진하도록 여러 갈래로 가지를 치는 모습입니다. 한 줄기로 쭉 뻗어 나간다면 가지나 꽃의 수가 한정적일 것입니다. 그러니 당연히 여러 갈래로 가지를 쳐 더욱 번성하고자 하는 것입니다.

卯는 멋지고 예쁜 것을 추구하여 꾸미는 것에 관심이 많습니다. 토끼처럼 바쁘게 깡총깡총 뛰어다니는 느낌입니다. 토끼는 호랑이와 거북이를 속여 힘이 강한 큰 동물에게 저항하는 의롭고 꾀 많은 동물로 표현됩니다. 토끼는 꾀가 많아 영리한 반면 '놀란 토끼 같다.'라는 표현이 있을 정도로 소심하고 경망스러운 겁쟁이의 상징이기도 합니다.

달의 이칭은 토월兎月로 역사 속에서도 등장하는 달 속 토끼는 불로장생의 약을 떡방아로 찧고 있다고 보기도 하고, 떡방아 찧는 토끼를 다산의 상징으로 보기도 합니다. 또 달은 초승달부터 시작해서 보름달, 보름달을 지나면서 그믐달로 한 달 동안 이렇게 변화하는 주기를 가집니다. 달이 이지러지고 차는 주기는 여성의 생리 현상과 같아 달을 여성성으로 봅니다.

진辰

'辰에서 아름다움을 떨친다振美於辰.'

만물이 피어나 예쁘게 꾸민 상태로 주변에 사람이 모입니다. 그래서 辰을 갖고 있으면 늘 어디서나 크건 작건 감투를 쓰게 됩니다. 겉은 예쁘고 잘 꾸미지만 아직 미성숙한 상태로 실속이 보장

되지 않는 외화내빈外華內貧 리더입니다.

용은 12지지 중 그 형체가 없는 추상적, 상징적 동물로 왕과 관련된 모든 것에 쓰입니다. 용은 제왕, 왕권, 군왕을 상징하고, 임금의 얼굴을 '용안', 임금이 정무를 보는 의자를 '용상', 임금이 입는 자색 옷을 '곤룡포,' 임금의 즉위를 '용비'라고 합니다.

용은 풍농, 풍어의 민간신앙 대상입니다. 비를 가져오는 비의 사신 우사雨師, 물을 관장하는 수신水神, 사악한 귀신을 물리치고 복을 가져다주는 벽사闢邪로 칭해지는 동물이라 기우제를 지내고 풍어를 빌 때, 바다 사고를 막기 위하여 용왕굿을 벌일 때 제를 지내는 대상입니다.

용은 모습을 마음대로 바꿀 수 있고, 구름과 비를 만들 수 있으며, 최상의 무기를 갖춰 땅과 하늘에서 자유자재로 활동하는 능력이 있는 동물로 여겨집니다. 또한 크기를 자유롭게 조절하며 짙은 안개와 비를 동반해 구름에 둘러싸여 움직인다고 합니다.

전설에서는 국조, 군주, 씨족조가 물의 신神인 용과의 혼인을 통해 탄생했다고 전해집니다. 고려 태조 왕건은 용건의 아들이고,

백제 무왕 서동은 어머니가 연못의 지룡과 교통하여 출생하였고, 후백제 시조 견훤은 광주 북촌 부잣집 딸이 구렁이와 교혼해서 낳았다고 전해집니다.

사巳

'양기가 이미 이르렀다陽氣之已也.'

陽의 기氣가 굳건하고 견실하여 최고조에 이르렀음을 의미합니다. 주역괘로는 陽만 6개이고 陰이 없는 중천건(☰) 괘입니다.

뱀은 날카롭고 차갑고 매섭고 지혜로워 상황판단을 잘하는 동물입니다. 또 뱀은 독과 독니를 갖고 있는데 寅에서 설명한 바와 같이 독은 권력을 뜻하며 두려움을 느끼게 합니다.

12지지 동물 중 유일하게 동면을 하고 허물을 벗는 동물로 자기혁신의 본보기, 재생, 변신을 의미합니다. 뱀의 허물은 보기에 낱개로 보이지만 다 연결된 피부로 한 번에 벗지 못하면 허물을 벗다가 죽을 수도 있답니다.

뱀은 땅의 신, 사자死者의 영혼이며, 끈질긴 생명력으로 다시 살아나는 것을 뜻합니다. 알을 낳아 부화시키는 난태생으로 한 번에 100개의 알을 낳는 생산의 신, 정력의 상징으로 보기도 합니다.

오午

'陰과 陽이 午에서 교제한다陰陽交於午.'

양도달즉음시생陽到達卽陰始生, 즉 陽이 극단에 이르러 陰이 생겨나 생물이 튼튼하게 된다는 의미입니다. 午는 완연한 火의 기상으로 말처럼 껑충껑충 뛰는 형상입니다.

寅巳申亥와 더불어 역마의 성질을 갖고 있으나 권력과는 관계가 없습니다. 양기가 충천 극極에 달해 내부에 음기가 하나 생겨난 상태로, 쉬고 싶은 마음이 생기기 시작해 권력에는 관심이 없는 것입니다.

말은 고대부터 재산으로 여겨졌습니다. 빠른 기동력을 갖고 있어 전투나 소식을 전하는 것에 활용되었으며 액막이와 행운의 상징으로 여겨져 말의 형상을 부적으로 만들어 지니고 다니기도 했습니다. 날개 달린 말은 영혼이 저세상을 갈 때 타고 가는, 이승과 저승을 잇는 영매자의 역할을 한다고 하여 신성한 동물 또는 하늘의 사신이라고 합니다.

미未

'만물이 모두 이루어져 영양분이 풍부하고 맛이 있다萬物蓋成有滋味.'

열매가 성숙되어 향기로운 냄새와 진한 맛을 내는 것을 말합니다. 未는 木火를 지나온 火의 끝자락으로 열에 바짝 그을린 土입니다. 양기는 寅에서 시작해서 未까지로, 未에서 양기를 마무리하고 陰의 운동을 여는 단계로 진입합니다.

만물을 익히고 영글게 하는 행위로 찌고 뜸 들이는 역할을 이 자리에서 합니다. 즉 불완전한 것을 완전하게 만드는 행위입니다. 모든 土의 공통점은 이것저것 섞인 것이라 할 수 있습니다.

양은 평화를 연상시킵니다. 성격이 어질고 착하며 참을성이 있습니다. 순박하고 온화하여 군집 생활에서도 우위 다툼을 벌이는 일이 없으며 암컷을 독차지하겠다는 욕심을 내지 않는답니다.

그러나 성질이 나면 매우 다혈질로 변한다고 합니다. 꾹 참고 자제한 만큼 폭발적으로 화를 내는 것이 당연지사일 것입니다. 또한 가던 길로 되돌아오는 습성을 가졌다고 합니다.

소, 돼지와 더불어 제물로 바쳐지는 희생의 상징이 되기도 하고, '속죄양'이라는 표현에서 보이듯이 속죄의 의미를 뜻하기도 합니다. 양띠는 너무 고지식하고 맑은 탓에 부자가 못 된다는 속설처럼 정직과 정의의 상징이기도 합니다.

신申

'음이 작용하여 만물을 거듭 해친다陰用事申賊萬物.'

午에서 일음一陰이 생기고 未에서 이음二陰이 생깁니다. 申에 오면 땅 표면 바로 아래까지 음기가 차오릅니다. 음기의 작용이 차츰 나타나며 추수가 끝난 다음에 만물이 초라하게 됨을 가리킵니다. 주역괘로 보면 천지비(䷋) 괘입니다. 괘에 나타난 상으로 봐도 겉은 陽, 속은 陰입니다. 겉은 아직 뜨겁지만 속은 모두 陰으로 申은 陰을 최초로 여는 글자입니다. 아직 보이지 않을 뿐이지

음기가 매우 강한 상태입니다. 뭔가 정리를 시작하려고 하니 그에 뒤따라 수반된 냉정과 날카로움으로 무장된 숙살의 기운이 도사리는 권력성을 의미합니다.

또 申은 다재다능한 재능의 별이기도 합니다. 원숭이는 동물들 사이에서도 가장 영리하고, 재주 있고, 사람을 너무 많이 닮아 간사스럽게 흉내를 낸다고 재수 없는 동물로 여겨 기피되었다고 합니다. 그래서 자기 띠를 이야기할 때 원숭이띠라고 하지 않고 순우리말인 잔나비띠라고 한답니다. 원숭이는 꾀 많고 잔재주가 뛰어난데, 이것도 지나치면 그 재주로 자기 발등을 찍는 우를 범할 수 있습니다.

통일신라 시대 등장한 12지신상 무덤의 호석, 탑상, 부도, 불구 등에 머리는 원숭이, 몸은 인간으로 손에 무기를 쥐고 있는 상이 등장합니다. 청자와 백자에 원숭이 모습을 그려 넣기도 하고 인장, 연적, 수적, 항아리, 걸상의 꼭지나 손잡이에 원숭이를 만들어놓기도 합니다.

서남서 방향을 담당하는 시간신時間神, 방위신方位神으로 서남서 방향으로부터 오는 사기를 막는 역할을 합니다. 부모와 자식 사이에 사랑이 극진하여 어미가 새끼를 품 안에 안고 있는 모습은 부귀와 다산을 의미하기도 합니다. 원숭이는 십장생들과 함께 등장하기도 하는데, 열매를 맺는 데 3,000년, 익는 데 다시 3,000년이 걸리는 천도를 들고 있기도 합니다. 불교 설화 『서유기』에서는 스님을 보좌하는 역할로 등장합니다.

유酉

'만물이 늙는다萬物之老也.'

가을의 결실을 상징하며 완전한 열매를 뜻합니다. 다 익은 열매를 떨어뜨리고 베어야 하니 구분하는 것이 매우 까다롭고, 현침살懸針殺에 속합니다. 申은 큰 성분에서 酉는 세밀한 부분에서 이런 행위를 하게 됩니다.

닭의 울음은 새벽이 오고 있음을 알려 빛의 도래를 예고합니다. 태양의 새로, 닭은 때가 변했음을 알려주는 시보 역할을 하며 앞으로 다가올 일을 알려주는 예지의 뜻으로 한 시대가 새롭게 시작된다는 상징이기도 합니다.

닭은 여명이 시작됨과 새벽을 알리는 상서로운 동물로 날개가 있음에도 지상에서 생활하는 이중성을 갖기도 합니다. 따라서 어둠과 밝음의 경계인 새벽을 상징합니다. 시계가 없던 시절에는 닭 울음소리로 시간을 알았고 조상의 제사 시간을 닭 울음소리로 가늠했다고 합니다.

닭은 상서로운 신통력의 서조瑞鳥입니다. 수탉은 정확한 시간에 울기 때문에 수탉이 울 시간이 아닌데 울면 불길한 일을 예고합니다. '암탉이 울면 집안이 망한다.'라는 속설의 근원은 '암탉이 울어 날 샌 일 없고 장닭이 울어 날 안 샌 일 없다.'라는 말에 근거한 것입니다. 닭이 울면 여명이 열리므로 일시에 귀신이 사라지는 주력呪力으로 봅니다. 또 장닭이 홰를 3번 이상 길게 치고 꼬리를 흔들면 맹수도 되돌아간다고 합니다.

옛날에는 학문과 벼슬에 뜻을 둔 사람의 서재에 입신출세와 부귀공명의 상징인 닭 그림을 놔두었습니다. 닭볏은 관冠 즉 학문적 상징이고, 혼인의례의 증인으로 초례상에도 닭을 놓습니다.

부부가 서약할 때는 닭으로, 임금이 서약할 때는 말의 피로 맹세를 했다고 합니다.

술戌

'만물이 다하여 없어진다萬物盡滅.'

戌은 火를 마지막으로 갈무리하는 글자로 戌에서부터 정말 밤이 시작됩니다. 밤이니 밖은 보이지 않고 이제 정신적 세계로 들어가는 시간이 된 것입니다. 그래서 밤에 해당하는 키워드는 종교, 철학입니다.

또 戌의 자리는 귀문鬼門이라 해서 귀신의 시간이 시작하는 자리이기도 합니다. 그래서 사주원국에 戌, 亥자를 갖고 있으면 영감이 좋다고 합니다.

개는 인간의 동반자, 수호신으로 요귀와 재앙을 물리치고 집안의 행복을 지키는 능력자라고 여겨집니다. 전염병이나 밤도깨비 잡귀를 물리치는 벽사闢邪의 능력과 재난을 미리 경고하고 예방하여 집안에 좋은 일이 있게 하는 동물이라고 봅니다.

개는 사흘만 키워도 주인을 알아본다고 해서 인간에게 헌신하는 충복의 상징으로 보기도 합니다. 또 이승과 저승을 매개하는 동물로, 흰 강아지는 저승길을 안내한다고도 합니다.

해亥

'양기가 아래에 감추어진다陽氣藏於下.'

亥는 주역괘로 보면 중지곤(☷) 괘입니다. 陰이 6개로 陰이 극에 달한 상태입니다. 戌에서 추수를 마무리하고 亥에서부터 모든 것을 자기 자신에게로 잡아당겨 모으려 합니다.

水는 소유욕이지만 개인의 사사로운 재물욕은 아니라고 했습니다. 다시 도래할 새로운 세상에서 어린 木을 죽이지 않고 살리는 것에 목적이 있습니다. 따라서 먹고사는 것과 관련되거나 기르고 성장시켜 잘 자라나게 하고자 기를 모으는 것입니다.

戌과 같은 위치로 귀문이라 종교, 철학, 역학 등에 관심이 많습니다. 특히 戌시생, 亥시생이 해당됩니다.

멧돼지는 야성의 화신으로 매우 저돌적이고 대담하고 난폭한 동물이지만 여우 이상으로 똑똑하다고도 합니다. 돼지는 부와 복의 상징으로 돼지꿈을 꾸면 재수가 좋다고 생각해서 복권을 삽니다. 속설에 새해 첫 상해일上亥日에 문을 열면 한 해 동안 장사가 잘된다고도 합니다. 『삼국사기』, 『삼국유사』에서는 돼지를 신통력을 지닌 동물로, 국도國都를 정해주는 신성한 동물로 묘사했습니다. 2,000년 전부터 인간과 함께한 돼지는 명당을 점지하는 예언자나 길잡이 구실을 했으며, 지금까지도 돼지꿈은 용꿈과 같은 항렬로 횡재, 소식, 벼슬, 복권 당첨, 명예 등 좋은 일을 가져다준다고 여겨집니다.

이상으로 천간 10간, 12지지의 개념과 12지지에 해당하는 동물의 특성까지 알아보았습니다. 옛날 사람들이 12지지에 이런 동물들을 배치한 것은 다 그 글자와 그 계절과 그 사안에 그런 의미를 부여하기 위해서라고 생각합니다.

설명을 조금 장황하게 했지만, 해당 동물에 대해 개략적으로라도 알면 사주를 풀이할 때 도움이 됩니다. 사주명리를 외워 짜 맞추는 것이 아니라 옛날 사람들이 왜 그곳에 그것을 배치한 것인지 알고 글자가 내포하고 있는 뜻을 알아야 '이런 의미의 이런 글자라서 이런 마음을 뜻하는구나!' 하고 알 수 있는 것입니다.

음양오행과 천간 10간, 12지지로 구성된 6갑자는 우리 삶에서 일상적으로 벌어지는 일들을 느낌으로 알아채야만 이해가 됩니다. 우리가 살아가고 있는 이 현장에서 벌어지는 모든 것들이 음양오행에 해당한다고 생각하시면 됩니다.

물론 기본적인 것은 외워야 하지만 대세는 외우는 것이 아닙니다. 일상에서 항상 주변을 관찰하는 태도가 필요합니다.

또 현상의 변화를 감지해야 합니다. 陽과 陰, 천간과 지지는 계절의 변화 속에 있습니다. 午월의 戌시와 子월의 戌시, 戌월의 戌시에 어떤 차이가 있는지 알아야 당사자가 어떻게 느끼고 있는

지, 그 상황에서 무엇을 하고자 하는지를 알 수 있습니다. 물상物

象으로서의 오행뿐만 아니라 음양의 운동으로서의 오행을 이해

하셔야 합니다.

육친六親은 비겁比劫, 식상食傷, 재성財星, 관성官星, 인성印星 이렇게 5개의 키워드로 이루어져 있습니다.

이것을 다시 음양을 기준으로 나눕니다. 비겁은 비견比肩과 겁재劫財, 식상은 식신食神과 상관傷官, 재성은 정재正財와 편재偏財로, 관성은 정관正官과 편관偏官, 인성은 정인正印과 편인偏印으로 나뉩니다.

육친은 사주팔자四柱八字에서 일간을 제외한 7글자 간지를 음양과 생극 관계로 정합니다. 즉 아버지(父), 어머니(母), 형(兄), 동생(弟), 처(妻), 자식(子)의 관계로 구성됩니다. 일간은 사주원국(28쪽 참조) 오른쪽에서 세 번째 글자입니다.

육친은 일간, 즉 자신을 중심으로 관계 맺는 것으로 가족적 육친, 사회적 육친, 심리적 육친과 운運에서 만나는 육친으로 구성됩니다. 일간은 자기 자신이므로 육친을 부여하지 않습니다.

육친은 자신을 기준으로 한 7개의 별로, 자신을 중심으로 하는 관계성입니다. 이 5종류의 육친을 다시 음양으로 나눠서 여기에 일간의 음양을 기준으로 이름을 붙이는 것입니다.

육친의 종류와 배치를 요약했습니다.

비겁比劫		식상食傷		재성財星		관성官星		인성印星	
비견 比肩	겁재 劫財	식신 食神	상관 傷官	편재 偏財	정재 正財	편관 偏官	정관 正官	편인 偏印	정인 正印

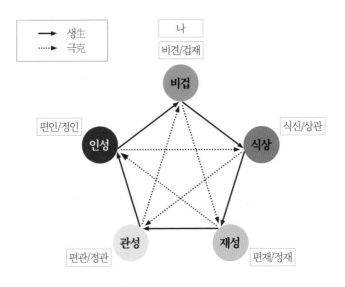

29쪽의 사주명조 견본을 보며 다시 떠올려보도록 하겠습니다.

干은 사주원국 윗줄에 해당합니다. 윗줄에 배치할 수 있는 글자

는 무엇이었습니까? 천간 10간, 甲乙丙丁戊己庚辛壬癸입니다.

여기에서 다시 음양을 나눴습니다. 甲丙戊庚壬은 陽이고 乙丁

己辛癸는 陰입니다.

일간에 배치되는 글자는 오른쪽에서 세 번째 글자입니다. 본인

의 사주원국을 보고 어떤 글자인지 보세요. 그것을 일간이라고 합니다. 자신의 일간을 확인했다면 그것을 기준으로 보시면 됩니다.

陰 일간이라면 陰이 기준입니다. 陽 일간이라면 陽이 기준입니다. 木 일간이라면 木이 기준(비견/겁재), 火 일간이라면 火가 기준(비견/겁재)이 되는 것입니다.

오행을 다시 상기해보도록 하겠습니다. 천간 木은 甲乙이었고 지지 木은 寅卯였습니다. 천간 火는 丙丁·지지 火는 巳午, 천간 土는 戊己·지지 土는 辰戌丑未, 천간 金은 庚辛·지지 金은 申酉, 천간 水는 壬癸·지지 水는 亥子입니다. 이것을 다시 음양으로 나눕니다.

木의 천간 甲과 지지 寅은 陽, 천간 乙과 지지 卯는 陰입니다. 火의 천간 丙과 지지 巳는 陽, 천간 丁과 지지 午는 陰, 土의 천간 戊와 지지 辰戌은 陽, 천간 己와 지지 丑未는 陰입니다. 金의 천간 庚과 지지 申은 陽, 천간 辛과 지지 酉는 陰, 水의 천간 壬과 지지 亥는 陽, 천간 癸와 지지 子는 陰에 해당합니다.

비겁 比劫	일간과 오행이 같은 글자가 있을 때	음양이 같으면(음+음, 양+양)	비견比肩
		음양이 다르면(음+양, 양+음)	겁재劫財
식상 食傷	일간이 생해주는 글자가 있을 때	음양이 같으면(음+음, 양+양)	식신食神
		음양이 다르면(음+양, 양+음)	상관傷官
재성 財星	일간이 극하는 글자가 있을 때	음양이 같으면(음+음, 양+양)	편재偏財
		음양이 다르면(음+양, 양+음)	정재正財
관성 官星	일간을 극하는 글자가 있을 때	음양이 같으면(음+음, 양+양)	편관偏官
		음양이 다르면(음+양, 양+음)	정관正官
인성 印星	일간을 생하는 글자가 있을 때	음양이 같으면(음+음, 양+양)	편인偏印
		음양이 다르면(음+양, 양+음)	정인正印

甲을 기준으로 보도록 하겠습니다. 표를 보면서 본인의 사주원국에 대입해보시기 바랍니다.

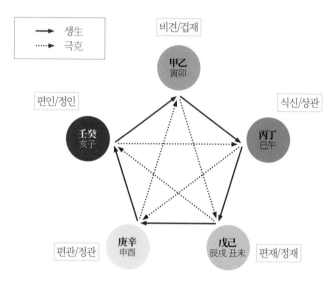

甲木 일간 기준

생生 → 생생
극克 ┈┈▶ 극克

비견/겁재

편인/정인

식신/상관

甲乙
寅卯

壬癸
亥子

丙丁
巳午

庚辛
申酉

戊己
辰戌 丑未

편관/정관

편재/정재

 甲 기준으로 甲乙 寅卯가 비겁에 해당합니다. 비겁은 일간과 음양이 같은 글자로 대표적으로 형제, 동료에 해당합니다. 내가 陽甲일 경우, 사주원국 안에 일간을 제외하고 甲이나 寅이 있으면 비견을 갖고 있는 것입니다. 일간이 甲인데 사주원국에 乙이나 卯가 있다면 겁재를 가진 것입니다. 이것은 일간과 음양이 다른 글자입니다. 둘 다 없다면 비겁이 없는 것입니다.

甲木 기준으로 일간이 生해주는 육친을 식상이라고 합니다. 식상은 자신의 재주, 손발을 쓰는 행위, 여자에게는 자신이 生한 것, 낳은 것으로 자식에 해당합니다. 丙丁 巳午에 해당합니다. 내가 陽甲이므로 천간 陽에 해당하는 丙과 지지 陽에 해당하는 巳는 나와 음양이 같으므로 식신에 해당합니다. 천간 陰인 丁과 지지 午는 나와 음양이 다르므로 상관에 해당합니다.

다음으로 재성은 甲木 기준으로 土에 해당하는 戊己 辰戌丑未입니다. 재성은 아랫사람, 금전 유통, 조직을 다루는 머리, 남자에게는 아내, 애인, 주변 여자, 남녀 공히 아버지에 해당합니다. 천간 陽인 戊와 지지 陽인 辰戌은 일간과 음양이 같으므로 편재라고 합니다. 천간 陰인 己와 지지 陰인 丑未는 일간과 음양이 다르므로 정재라고 합니다. 앞에 설명했던 비겁과 식상은 일간과 음양이 같으면 순일한 기운으로 보는 비겁, 식상에 배치되지만, 여기부터는 일간과 음양이 같으면 치우칠 편(偏) 자를 씁니다.

관성은 남녀 공히 직장, 일, 여자에게는 남편, 주변 남자, 규율, 규칙에 해당합니다. 甲木 기준 金에 해당하는 庚辛 申酉가 관성입니다. 천간 陽金인 庚과 지지 申은 일간과 음양이 같으므로 편관입니다. 천간 陰金인 辛과 지지 酉는 일간과 음양이 다르므로 정관에 해당합니다.

인성은 남녀 공히 어머니, 공부, 문서, 자격증에 해당합니다. 甲木 기준 오행 水에 해당하는 壬癸 亥子가 인성입니다. 천간 陽에 해당하는 壬과 지지 亥는 일간과 음양이 같으므로 편인, 천간 陰에 해당하는 癸와 지지 陰인 子는 일간과 음양이 다르므로 정인에 해당합니다.

이제 자신의 일간을 갖고 순서대로 짚어보면 됩니다. 처음 듣는 개념이라 어려우실 수 있으니 丁 기준으로 하나 더 해보겠습니다. 乙은 甲에서 했으니 모든 개념을 甲과 반대로 배치하시면 됩니다. 丙과 丁의 경우 오행 火를 기준으로 놓고 돌리는 것입니다.

丁火 일간 기준

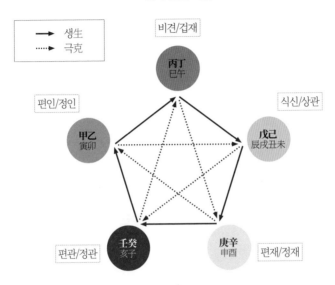

일간과 같은 오행 火인 丙丁 巳午는 비겁, 일간이 生하는 오행
土인 戊己 辰戌丑未는 식상, 일간이 克하는 오행 金의 庚辛 申
酉는 재성, 일간을 克하는 오행인 水의 壬癸 亥子는 관성, 일간
을 生해주는 오행 木의 甲乙 寅卯는 인성에 해당합니다. 다시 음
양으로 나눠보겠습니다.

일간이 丁陰火라고 하면 비겁에 해당하는 丙丁 巳午 중에 천간 陽火인 丙과 지지 陽火인 巳는 일간과 음양이 다르므로 겁재에 해당하고, 비견에는 일간과 음양이 같은 천간 丁과 지지 午가 해당됩니다.

丁 일간의 식상은 火生土에 해당하는 土입니다. 일간이 生하는 오행인 陽土인 戊와 지지 辰戌은 일간과 음양이 다르므로 상관, 천간 陰土인 己와 지지 陰土인 丑未는 일간과 음양이 같으므로 식상에 해당합니다.

재성은 일간이 克하므로 火克金에 해당하는 金입니다. 천간 陽金인 庚과 지지 陽金인 申은 일간과 음양이 다르므로 정재, 천간 陰金인 辛과 지지 陰金인 酉는 일간과 음양이 같으므로 편재입니다.

관성은 나를 克하는 오행으로 내가 火 일간인 水克火의 오행인 水에 해당합니다. 천간 陽水인 壬과 지지 陽水인 亥는 일간과 음양이 다르므로 정관, 천간 陰水인 癸와 지지 陰水인 子는 일간과 음양이 같으므로 편관입니다.

인성은 일간을 生해주는 오행이니 木生火인 木에 해당합니다. 천간 陽木에 해당하는 甲과 지지 陽木인 寅은 일간과 음양이 다르므로 정인, 천간 陰木인 乙과 지지 陰木인 卯는 일간과 음양이 같으므로 편인에 해당합니다.

다른 오행도 이렇게 그림으로 그려보면서 연습하시기 바랍니다.

1. 육친六親의 의미

육친이 무엇인지를 배웠으니 이제 그 육친이 가지고 있는 의미를 알아보도록 하겠습니다.

비겁比劫**은 비견**比肩**과 겁재**劫財**로 구성됩니다.**

비겁比劫 **중 비견**比肩**의 응용**

개인적 육친	경쟁심의 별, 동등한 관계, 형제, 자매, 친구 간섭, 남자의 경우 며느리
사회적 육친	동업자, 협력자, 동종업계, 같은 입장, 경쟁자
사회적 심리	경쟁심, 승부욕, 독립심, 분배심, 상부상조, 동업, 주체성
운의 작용	동업, 투자, 쟁재爭財, 주체가 되려는 모습, 군신대좌君臣對坐

비견이란 일간, 즉 '나'와 같은 글자로 쌍둥이 별이라고 합니다. 어릴 때 형제와의 경쟁을 생각해보시면 됩니다. 지금이야 먹을 것이 많아 밥그릇 싸움을 안 하지만, 어머니의 사랑을 차지하려는 형제간의 싸움으로 동작이 빨라지고, 뺏기고 빼앗는 논리가 발달합니다. 욕심이 생길 수 있고 그래서 서두릅니다.

뺏기고 빼앗는 논리가 발달하다 보니 한편으로는 여유 있을 때 나눌 줄도 압니다. 비겁이 없으면 남과 잘 나누지 못하고 욕심을 부리게 됩니다. 여유롭지 않을 때는 도둑처럼 빼앗는 상황이고,

운이 좋으면 돈을 벌어서 나누는 여유를 가지기도 합니다.

이렇게 행위의 모습으로 얻을 수 있는 부정적, 긍정적 모습을 다 같이 봐야 합니다. 좋은 면만 보거나 나쁜 면만 보면 안 됩니다.

비겁比劫 중 겁재劫財의 응용

개인적 육친	야망의 별, 이성 형제, 사촌 형제, 틀어진 이복 형제, 시아버지
사회적 육친	투자자, 협력자, 경쟁업계, 경쟁자, 8 : 2 동업 형태
사회적 심리	대단한 경쟁심, 승리욕, 이기심, 독립심, 주체성, 동업, 큰 재물의 꿈, 도박, 몰빵, 투자 욕구
운의 작용	불리한 동업, 큰 투자, 쟁재爭財, 사기성, 큰 나눔, 횡재

겁재는 비견과 비슷하지만 비견보다 훨씬 큰 욕심과 야망을 품고 있는 것을 뜻합니다. 甲이 卯를, 乙이 甲을 만나면 겁재가 됩니다. 큰 재물을 욕심내는 마음이라 자질구레한 일은 하지 않으려 하며 남보다 훨씬 앞서려는 욕심이 있습니다. 비견과 겁재가 동시에 있으면 2가지 일이 다 일어납니다.

돈을 벌면 혼자만 소유하지 않고 나누기도 하며 사회적으로 뜻

깊고 좋은 일을 하기도 합니다. 자신이 많이 뺏기는 상황이 닥칠 때도 있습니다. 제대로 짝지어지지 않아 형제로 인정되지 못하면 무조건 뺏는 것이 최고인 상황이 됩니다.

부정적인 면(투기, 쟁탈)이 있지만 큰 꿈을 이루기에 이익이 훨씬 큽니다. 그래서 큰 부자의 사주에는 겁재가 있는 경우가 많습니다. 겁재가 없다면 큰돈을 만질 기회가 적습니다.

일간 비겁이 生하는 식상食傷은 식신食神과 상관傷官입니다.

식상食傷 중 식신食神의 응용

개인적 육친	내가 生하는 별, 재능의 별, 할머니, 제자, 여자의 경우 자식
사회적 육친	수단, 아랫사람, 활동 방법, 활동 공간
사회적 심리	실천, 열심, 역동성, 보여주고 내세우는 마음, 표현
운의 작용	손발을 놀리는 환경, 전문성, 기술성, 활동력이 좋은 환경, 건강, 연애사 다발

비겁이 生하는 것이 식상입니다. 식상은 나의 수단이고 내가 활동하는 무대이며, 재성과 이어지므로 자신의 밥그릇과 의식주

를 의미합니다.

식신은 발을 딛고 있는 공간이자 먹을 복을 의미합니다. 식신은 자연스럽게 열리는 천연 과실로, 甲木이 음양이 같은 丙火나 巳火를 만나면 식신입니다. 식신은 일간의 건전한 배설처이며, 자기 재능이나 자기 활동을 실현하는 수단으로 자기 능력을 표현하는 것을 말합니다.

별다른 노력이 없어도 과수원에 과실이 주렁주렁 달리므로 애쓰지 않고 그늘에 널부러져 앉아 있어도 되기에 행동이 느립니다. 그때쯤 자연히 열매가 열린다는 것을 알기에 느긋합니다. 식신이 있으면 가만히 있어도 떨어지는 것이 있어 밥 굶을 일이 없다고 합니다.

식상食傷 중 상관傷官의 응용

개인적 육친	비범한 재능의 별, 장모, 수강생, 여자의 경우 자식, 남자의 경우 손녀
사회적 육친	아랫사람, 비범한 재주, 자율성, 활동 공간, 달변

사회적 심리	자율성, 실천성, 대단히 열심히 함(식신보다 큼), 표현력, 보여주고 내세우는 마음
운의 작용	손발을 쓰는 환경, 전문성, 대단한 기술, 활동력이 좋은 환경, 연애사 다발, 직장생활 방해, 특별한 재능 발휘

식신이 자연적이고 천연적인 의식주의 생산 수단인 데 반해, 상관은 인위적으로 개척하는 생산 수단입니다.

식신이 자연에서 나는 천연 과실이라면 상관은 인공적으로 재배되는 과실에 비유할 수 있습니다. 지금이야 시내에서 조금만 벗어나도 비닐하우스 천지이고 한겨울에도 딸기를 먹는 세상이니 이게 그다지 신박해 보이지 않을 수도 있지만, 얼마 전까지만 해도 한겨울의 딸기는 정말 대단한 것이었습니다. 그런 것을 만들어낼 줄 아는 것이 상관입니다. 그래서 상관의 기운은 식신보다 훨씬 넓고 속도가 빠릅니다.

그러면 이런 글자들이 많으면 좋을까요? 우주 자연의 법칙은 절대 그렇지 않습니다. 다자多字는 무자無字라고, 딱 하나가 바르게 있어야 합니다. 물론 하나만 있다면 그 하나를 잃을 때의 아픔이 반드시 존재하긴 하지만, 덕분에 조금씩 성장하는 것입니다.

상관은 돈 주고 사 먹는 심정이라 무엇을 먹든 무엇을 하든 귀히 여기고 더 열심히 합니다. 안 되는 것을 되게끔 만들기 위해 기계 설비를 도입해 없는 조건을 만들어 채워나가는 행위라서 주춤거릴 시간이 없습니다.

기민하고 동작이 빠르며 대단한 재주가 있어서 없는 것도 만들 수 있습니다. 그래서 남의 마음을 사는 표현력이 좋고 남과 금방 친해지는 능력을 지녔습니다. 재주가 매우 뛰어나다 보니 일정한 틀에 묶이는 것을 싫어합니다.

일간 비겁이 剋하는 재성財星은 정재正財와 편재偏財입니다.

재성財星 중 정재正財의 응용

개인적 육친	손자, 남자의 경우 아내, 여자의 경우 아버지
사회적 육친	금전, 사건의 결과, 자신의 일을 대신하는 직원, 계열사, 아랫사람, 남자의 경우 주변 여자

사회적 심리	타인의 손발을 빌려 하는 경영, 거두려는 심리, 안정적으로 재물을 얻으려는 욕망, 현금 유통
운의 작용	안정적 경영 환경, 내가 이끌어야 하는 환경, 가져가야 할 짐, 부인 덕, 현금 유통이 많은 환경, 남자의 경우 여자가 많은 환경

정재는 식상의 사회적 활동으로 얻어지는 가치나 결과물입니다. 돈뿐만 아니라 학생의 경우라면 학생의 공부는 인성이고 시험은 식신이며 시험 결과는 재성으로, 재성이 크거나 순환이 잘되면 결과의 보상이 클 수 있습니다.

식상과 연결이 순조롭다면 부富로 연결될 수 있어 재성을 재물의 별이라 합니다. 또 재성이 왕旺해야 직원을 두고 그 직원들을 통해 규모가 큰 사회적 결과를 기대할 수 있습니다.

정재는 음양의 짝을 이루었으니 때가 되면 자연스럽게 열리는 결과의 값이며 자기가 갖고 태어난 자기 재물, 재물 활동의 모습을 말합니다.

정재는 자기 주머니에 있는 돈이나 돈이 있는 집에 태어나는 것으로 늘 뒷돈 대주는 사람이 있는 상태입니다.

재성財星 중 편재偏財의 응용

개인적 육친	멋쟁이의 별 애인, 음양이 어긋나 마음에 차지 않는 배우자, 남자의 경우 아버지, 여자의 경우 시어머니
사회적 육친	큰돈, 사건의 결과, 임시 직원, 알바생, 아랫사람 형태, 하청, 애인
사회적 심리	경영, 크게 거두려는 심리, 큰 재물의 욕망, 신용, 투기, 큰 짐, 수익성 중심 투자
운의 작용	치우친 경영 환경, 신용 거래 증대, 부인 덕 부족, 현금 유통이 과해지는 환경, 능력치를 넘어서 감당 안 되는 짐이나 일

편재도 정재와 마찬가지로 사회 활동이나 생산 활동의 결과의 값입니다. 그러나 편재는 음양의 짝이 안 맞아 치우친 모습으로, 정재가 태어날 때부터 부여받은 재물이나 자연스러운 결과물이라면 편재는 그런 것을 태어날 때부터 부여받지 못해 스스로 만들어내야 하는 상황입니다.

돈의 활용 능력은 탁월하지만 뒷돈 대주는 사람이 없어 자기 손발을 놀려 돈을 구해야 하는 상황입니다. 그래서 신용 대출을 받거나 남의 돈을 운영하는 능력이 탁월합니다. 겉으로는 돈을 아주 잘 쓰는 것처럼 보이지만 철저한 계산 하에 씁니다. 늘 이유 없는 자신감이 있고 가진 것이 없다 보니 신용이 생명이라 생각합니다.

평생 남의 돈을 쥐었다 놨다 하며 큰돈을 만지긴 하지만 음양이 치우쳐 있어 빈손으로 왔다 빈손으로 가게 됩니다. 멋지지만 자기 활동에 대한 연결성이 부족합니다.

일간을 克하는 관성官星은 정관正官과 편관偏官입니다.

관성官星 중 정관正官의 응용

개인적 육친	선비의 별, 행정관, 국가공직자, 남자의 경우 자식의 별(딸), 여자의 경우 남편
사회적 육친	직장, 명예, 학교, 사회적 인지도, 브랜드, 기업, 국가, 행정
사회적 심리	이타심, 행정 질서, 도덕, 규칙, 공익, 명예욕, 폼 나야 함
운의 작용	안정된 직장생활, 기업에 의존, 규칙 중시, 명예

관성은 나를 克하는 별로 즉 일간을 제어하는 것입니다. 관성

은 규칙을 요구하는 사회적 별로 법률, 도덕, 관습에 의해 제어됨을 의미합니다. 식상으로 수단을 발휘해 재성에서 보상을 얻은 다음 사회적으로 부여되는 결과로, 나의 사회성과 사회적 위치, 브랜드, 모양새를 말합니다.

관이 좋으면 공무원처럼 유명하고 브랜드의 가치가 제고되는 직장생활을 할 수 있습니다. 관성은 그뿐만 아니라 일해서 얻는 재물의 보상과 더불어 사회적 가치로 부여되는 결과 모두를 말합니다. 대기업 회장이 돈을 번 후 그것을 바탕으로 사회적 가치를 만든 것, 권력자가 관을 취한 후 사회적 가치를 얻는 것을 예로 들 수 있습니다.

학생이 좋은 학교를 들어가는 것 또한 관이 좋아야 가능합니다. 강의를 잘해서 명성을 얻는 것도 사회적 가치를 얻는 것입니다. 유명 조직에 속해 있다 해도 그것이 관官 중심인지 재財 중심인지 구별해야 합니다. 또 관이 있어야 그것을 지켜내야 한다는 마음으로 항상 주위를 살필 수 있습니다.

정관은 甲木이 辛金이나 酉金을 만나는 경우로 순탄하게 얻어지는 사회적 결과물입니다. 명예와 같은 공식적인 요소나 남들이 인정할 만한 명성을 의미합니다.

관성官星 중 편관偏官의 응용

개인적 육친	남자의 경우 아들, 여자의 경우 며느리, 음양의 짝을 잃은 남편이나 애인
사회적 육친	특별한 기술, 연구원, 공학, 사법관, 경찰관, 사법기관, 형법
사회적 심리	질서, 이타성, 규칙, 강제성, 짜 맞춰지는 스파르타식 선호
운의 작용	전문 기술을 원래의 자리가 아닌 외곽에 가서 쓰는, 뭔가 펑크 난 형태의 직장생활

편관은 甲木이 같은 음양인 庚金이나 申金을 만날 때입니다. 나의 일곱 번째 별과 만난다고 하여 칠살七殺이라고 부릅니다.

강제적, 강압적 수단으로 일간을 克하는 별입니다. 일단 겁劫, 상傷, 편偏과 같은 글자가 들어가면 순조로운 기운이 아니라 억지로, 강제로 되는 것입니다. 좋게 보면 창조적 분야에 해당합니다.

정관이 문관文官이라면 편관은 무관武官에 해당합니다. 편관은 억지로 만들어 사회적 결과물을 얻으므로 기술을 동원해 명예를 만드는 것입니다. 무관이므로 말로 하지 않고 총칼을 휘둘러 권력을 확보하는 것입니다. 전문성을 얻어서 갈 수 있는 직장이나 비공식적 명예를 얻거나 인지도가 낮은 브랜드를 말합니다.

일간을 生하는 인성印星은 정인正印과 편인偏印입니다.

인성印星 중 정인正印의 응용

개인적 육친	학문의 별, 남자의 경우 어머니, 여자의 경우 사위
사회적 육친	공부, 교육, 연구, 팔기 쉬운 부동산, 감투, 결재권, 자격증, 문서, 권리, 인문, 인간의 도리와 규칙, 바르고 예쁜 것
사회적 심리	도덕, 보수, 전통, 노력, 게으름, 받고자 하는 심리
운의 작용	학문과의 인연, 자격, 권리 중심의 삶, 부동산, 임대, 백수 건달, 가사

정인은 일간과 음양이 다른 별로 일간을 生해줍니다. 甲木이 癸水나 子水를 만나면 정인이 됩니다. 나를 길러주고 도와주며, 의식주를 제공해주고 교육을 받을 수 있도록 해준다고 하여 어머

니의 별로 봅니다. 공부의 별, 학문의 별이기도 합니다. 자연스럽게 부여된 것, 쉽게 얻어지는 공부로 나의 후원자에 해당합니다.

앞서 배운 재성이 현금화되는 것이라면 인성은 현금화가 아닌 증서나 문서화가 된 상태입니다. 사회적 감투인 관성 뒤에 따라오는 결재권이기도 합니다.

정인은 어머니 밑에서 공부하고 보살핌과 간식을 얻는 것으로, 정규 과정의 공부지만 의존하는 성향을 지니기 쉽고 간섭을 심하게 받을 수 있습니다.

인성印星 중 편인偏印의 응용

개인적 육친	남자의 경우 장인, 여자의 경우 어머니
사회적 육친	별난 공부, 부동산, 이공기술, 기술자격증, 인증서, 특별교육, 모양만 있는 권리, 기술 연구, 종교, 철학
사회적 심리	염세적, 보수적, 전통적, 노력파, 심한 게으름, 부정적 심리, 비판력, 받고자 하는 마음
운의 작용	이공학문, 인연, 이공자격, 연구, 백수건달

편인도 나를 生해주는 별로, 음양이 나와 같고 甲木이 壬水나 亥水를 보는 경우입니다. 나를 길러주고 도와준다는 면에서 정인과 같은 어머니 별이지만 편偏이란 음양이 서로 화합하지 못한 것으로 어머니의 덕을 제대로 보기가 쉽지 않습니다. 의식주의 별인 식신을 克하므로 눈칫밥을 먹는 것 같아 편인을 계모의 별이라고도 합니다.

눈치 보며 하는 공부라 머리가 매우 좋고 상황 판단이 빠릅니다. 음양이 치우친 육친은 아픔이 따르지만 반면에 매우 대단한 것을 만들어냅니다. 올바로 채워지지 않아 남들이 못 하는 학문을 할 수 있는 능력이 있습니다. 어머니의 눈치를 보며 하는 공부이고, 억지로, 강제로 짜 맞춰 구조화하다 보니 문서화 하는 능력이 탁월합니다.

하지만 어머니의 덕을 제대로 받지 못하기에 염세적일 수 있고 부정적 심리가 강합니다. 따라서 누가 미워하지도 않는데 혼자 삐지거나, 열등감으로 인해 자주 긴장하거나, 무엇인가 갖고자 하는 심리가 강하기도 합니다.

다음 표와 같이 간지 구성의 큰 틀에서도 육친을 배치할 수 있습니다.

간지 육친 배치도

성별	시	일	월	년
남자	자손	나	부모	조상
여자	자손	남편과 나	부모	조상

사주명리는 하나의 키워드로 대입하거나 해석하는 것이 아닙니다. 수많은 경우의 수가 도출됩니다. 계절이 구획에 딱 맞춰 움직이는 것이 아니기 때문입니다. 어느 해는 여름인데 덜 덥기도 하고 어느 해는 겨울인데 포근하기도 하듯이, 계절이라는 큰 구획은 만들어져 있지만 그 안에서 음양과 오행으로, 그 음양과 오행에 합, 형, 충, 파, 해, 육친, 신살이 더해져 향연을 펼치는 것입니다. 사주명리는 그것을 알아채서 분석해내는 것입니다.

이렇게 사주명리의 기본 개념을 알아봤습니다. 사주명조가 본인이 갖고 태어난 직접적 도구라면, 그 사주명조는 10년 단위로 바뀌는 대운大運을 만나고 대운 중에 다시 세운世運(년운)을 만납니다. 여기서 말하는 대운은 좋은 운이라는 이야기가 절대 아닙니다.

대운은 사람이 10년마다 새롭게 만나는 환경입니다. 세운은 대운의 환경 안에서 벌어지는 사건들을 말합니다. 육친은 10년마다 만나는 대운, 그리고 세운에서 벌어진 사건이 누구에게 일어나는 일인지, 즉 나인지, 자식인지, 어머니인지, 직장인지, 공부인지, 배우자인지를 보는 것입니다.

우리가 한국이라는 국가 단위에서 태어나지만 태어난 지역은 다 다릅니다. 그러나 평생 한 곳에서만 사는 것도 아닙니다. 이사를 갈 수도 있고, 외지에 나가 공부를 하게 될 수도 있고, 직장을 다른 곳으로 옮길 수도 있고, 배우자가 다른 지역 출신의 사람이라 거처를 옮길 수도 있습니다. 이외에도 우리는 수많은 이유로 사는 곳을 옮깁니다. 이런 상황은 큰 틀, 대운에서 발생합니다.

대운은 10년마다 바뀝니다. 10년이면 강산이 변한다는 말이 있습니다. 그냥 쓰는 말이 아니랍니다. 사람은 10년마다 변하는 대운을 만나고 세운은 대운 안에서 만나는 사건들을 말합니다.

제가 한국에 있을 때와 미국에 있을 때가 다를 것입니다. 또 여기서 수업을 할 때와 집에 있을 때가 다를 것입니다. 일단 지역이 다르고, 만나는 사람이 다르고, 지켜야 하는 규칙이 다르고, 언어가 다릅니다. 미국에 간 것이 대운의 영향이라면 미국이라는 공간에서 겪는 수많은 사건과 상황들이 세운입니다.

인문학당 상우라는 공간과 내 집을 기준으로 보자면 상우와 집은 큰 테마이므로 각각의 공간에서 어느 정도 익숙해진 상태로 쓰게 됩니다. 그러나 상우에서 만나는 사건과 집에 가서 만나는 사건은 다릅니다. 조금 이해가 되셨을까요?

1부에서는 이렇게 사주명리에 대한 아주 기초 개념과 역사, 음양오행, 천간지지, 그리고 육친에 대해 알아보았습니다.

사주명리 해석에
반드시 필요한 도구들 :
좋고 나쁜 것은 없다

1부에서는 사주명리학의 개념과 역사, 음양오행과 간지, 천간지지와 육친에 대해 공부해보았습니다. 2부에서는 사주명리 기본 개념에 더해 사주명리 해석에 쓰이는 도구들을 알아보겠습니다.

2부에서는 합合, 충沖, 형刑, 파破, 해害와 한평생이 어떻게 흘러가는지를 보는 12운성運星, 그 안에서 벌어지는 사건인 12신살神殺, 다 채우지 못하고 비었다는 뜻의 공망空亡이라는 사주명리 해석의 도구들을 알아보겠습니다.

오행은 큰 틀에서 서로 관계 맺고, 부딪치고, 그 안에서 다시 부딪치기도 합니다. 오행의 부딪침의 종류는 다양합니다. 그중 부딪쳐 떨어져 나가버렸는지, 부딪쳐서 찢어졌는지, 부딪쳐서 떨어져 나가 남은 것만 손에 들고 있는지를 보는 것이 천간지지의 合, 沖, 刑, 破, 害입니다.

사주를 제대로 잘 보려면 저마다 각기 다른 삶의 형태가 존재한다는 것을 인정하고, 삶의 다양한 형태를 파악해야 합니다. 한 개인이 경험해보지 못한 것은 그 사람이 직접 경험해본 것보다 훨씬 많을 것입니다. 어설프게 '이게 좋다, 저게 나쁘다' 하고 해석하기보다는 해당 사주명조의 음양오행이 순환하는 모습과 자연스러운 시공간의 변화를 읽어줘야 합니다. '과연 좋은 것, 나쁜 것이란 무엇일까?'에 대한 고민을 하면서 봐야 합니다.

긍정적인 기운도 시간이 흐르면서 퇴색합니다. 사랑도, 우정도, 관계도 다 마찬가지라는 것을 부정할 수 없습니다. 이렇게 수많은 양상을 고민해봐야 합니다. 시작은 긍정적이지만 시간이 흐르면서 부정적으로, 또다시 일정 시간이 지나면서 긍정적으로 변하는 것을, 이런 흐름 속에서 그 사안과 관련된 대세의 흐름을 살펴볼 수 있어야 합니다.

1. 천간합天干合

천간합天干合에 대해서 알아보도록 하겠습니다. 천간합은 모두 5개입니다.

| 甲己合土 | 乙庚合金 | 丙辛合水 | 丁壬合木 | 戊癸合火 |

일단 合은 집착입니다. 천간합은 오행의 상생상극에서 상극의 대상이며 음양이 서로 다른 대상입니다. 또 천간합이니 추상적, 정신적 合으로 서로에게 끌려 자신의 고유기능을 아예 상실하는 것입니다. 합탁合濁, 즉 합해서 탁해질 수 있어 꼭 좋은 것만은 아닙니다. 궁합을 볼 때 흔히 합을 보지만 오히려 沖 궁합이 서로에

게 자극이 되어준다는 점에서 더 잘 살 수도 있습니다.

甲己合土는 목의 기운이 토를 돕는 것이고, 丙辛合水는 각자 고유의 기능을 버리고 새로운 방향성을 추구하는 것입니다. 하나의 기운으로 집약되지만 기운의 작용일 뿐인 천간으로, 정신적인 면으로 추구하고 좋아하는 것이지 실제 내가 그것을 갖는 것은 아닙니다.

천간의 변화는 정신적, 추상적, 형이상학적 합충合沖입니다. 기운이라 하여 단순해 보이지만 천간의 영향은 만물화생의 기운이라는 점이 중요합니다.

또 천간합은 오운五運의 작용입니다. 오운은 천간 10간이 우주의 기본 법칙에 따라 운동하는 과정에서 서로 만나 변화가 발생하는 5가지 법칙을 의미합니다. 이렇게 천간의 기운이 변화하는 상象을 오운이라고 합니다.

천간합이란 어떤 기운이 특정 기운을 만나면 습을 이루어 변화하려고 하는 자연현상의 법칙을 말합니다. 천간합이란 여섯 번째 기운을 만나 합화合化한다는 뜻으로, 이러한 변화를 통하여 만물을 화생化生시키고 제화制化하는 작용을 합니다. 천간은 정신적, 추상적, 형이상학적이라는 것을 꼭 아셔야 합니다.

2. 천간충天干沖

陽과 陽이 만나거나 陰과 陰이 만나면, 즉 일곱 번째 천간과 만나면 천간충天干沖이 됩니다. 천간충은 모두 10개입니다.

甲庚沖	乙辛沖	丙壬沖	丁癸沖	戊甲沖
己乙沖	庚丙沖	辛丁沖	壬戊沖	癸己沖

沖은 상극 관계의 글자가 서로에게서 멀어지면서 궤도를 수정하는 것, 인연이 끝나고 역마성으로 왔다 갔다 하면서 재생산하는 힘입니다. 이러한 작용은 급속도로 이루어집니다.

성질이 급해서 남을 이길 수도 있지만 너무 급하면 실수를 동반하고 사고를 당하기도 합니다. 沖은 대상의 기운을 끊임없이 괴롭히고 자극하는 것입니다. 어릴 때 沖은 역동적 에너지로 크게 쓰이지만, 나이가 들고 만나는 沖은 건강 문제로 대두되기도 합니다.

천간충은 10가지로, 음양이 같고 하나의 천간은 2글자와 沖합니다. 甲과 戊는 沖하고 甲과 庚은 칠살에 해당합니다. 서로의 위치가 가까우면 더 활발하게 沖의 작용을 합니다.

천간의 기운은 이 안에서 하나의 덩어리로 섞여 한 공간에서 合, 沖을 하는 것입니다. 하늘은 구획을 나누거나 구분지을 수 없습니다. 그러니 천간의 合과 沖을 굳이 나누려 하지 않아도 됩니다. 合과 沖은 동시에 일어난다고 보시면 됩니다.

천간은 간단하게 合하거나 沖하는 관계만 있습니다. 인간의 정신도 이렇게 合과 沖으로, 즉 좋거나 싫거나 하는 형태로 존재합니다. 이렇게 우주 공간 어디에서도 늘 음양의 이치가 존재합니다. 陰과 陽은 合이 되고, 陰과 陰, 陽과 陽은 沖이 됩니다.

지지합과 지지충은 어떤 역할을 할까?

1. 지지합地支合 : 방합方合, 삼합三合, 육합六合

지지합地支合은 천간보다 조금 복잡합니다. 지지합은 앞으로 배울 合, 沖, 刑, 破, 害, 신살神殺, 공망空亡의 변화와 다 같이 봐야 합니다. 지지는 이런 복잡한 상관관계로 서로 긴밀하게 연관되어 있습니다. 천간이 정신에 해당한다면 지지는 직접적 실체적 작용으로 실제 내가 갖게 되는 것으로 간섭되어 나의 발을 구체적으로 붙들고 있는 자리를 말합니다.

지지가 습된다면 그것이 어떤 것이든 그 생명력을 오래가게 만듭니다. 좋을 수도 있겠지만 나쁠 수도 있습니다. 그 판단은 상황에 따라 달라집니다. 지지에 습이 있으면 그 연결을 깨뜨리기가 쉽지 않습니다. 습은 생명력을 길게 늘려 그것의 세력을 확장하고 힘을 뭉쳐 하나의 방향성을 추구하는 것이라 좋을 때는 매우 긍정적으로 작용하지만 나쁠 때는 그만큼 부정적으로 작용할 수도 있습니다. 천간합이 같이 있고 싶다는 생각이라면 지지합은 실제 몸이 같이 있게 되는 상황입니다.

간지 육친 배치도

성별	시	일	월	년
남자	자손	나	부모	조상
여자	자손	남편과 나	부모	조상

년월합年月合 　　조상과 부모와의 관계가 습입니다. 그것이 좋든 싫든 간섭이라는 건 분명합니다. 즉 조상과 부모와의 관계가 긴밀한 관계, 서로 간섭하며 가는 관계입니다.

년일합年日合 　　조상과 나의 관계성으로 월을 건너뛰어 내가 조상 일에 관여하게 되어 있는 것으로 꼭 일뿐만 아니라 유산, 조상의 일 등과 연관되어 있습니다.

월일합月日合　　부모의 나에 대한 간섭으로 내가 어떤 일을 할 때 독단적으로 못 하고 부모의 허락을 받아야만 하는 상황이 발생합니다. 진학, 혼인 등 부모가 인정하는 것을 하게 됩니다. 어릴 때는 이렇게 챙겨주는 것이 좋지만 나이가 들면 지나친 간섭이 되는 것입니다. 이런 사람이 결혼하면 시어머니와의 관계도 그렇게 맺습니다. 만약 沖이라면 부모는 부모, 나는 나로 살게 됩니다. 월 일의 合은 학창 시절에 했던 공부를 장년까지 쓰는 것을 의미합니다. 만약 끊어졌다면 沖을 만나 큰 변화를 겪는 것입니다.

월시합月時合　　자식과 내 부모와의 관계성입니다.

일시합日時合　　내가 자식에 대해 계속 관여하게 되는 배치입니다. 나이 먹으면 서로에게 부담이 되고 병들면 돌봐줘야 하는 그런 세월을 지내게 됩니다. 이것이 合의 형태며 결과입니다.

지지합의 종류는 사회적 合인 삼합三合, 가족의 合인 방합方合, 부부의 合인 육합六合이 있습니다.

	백성	국왕	영토	
방합	亥	子	丑	=水
삼합	亥	卯	未	=木

방합方合

방합方合은 씨족, 가족의 合으로 같은 방위와 계절의 合입니다. 자료에서와 같이 같은 방위方位에 있는 것들의 合입니다. 방합의 종류는 다음과 같습니다.

寅卯辰=木局	巳午未=火局	申酉戌=金局	亥子丑=水局

활동은 각자 다른 곳에서 하지만 결속력이 강한 合으로 생명력이 깁니다. 원국에 이런 방합이 있으면 직업도 잘 안 바꿉니다. 방합에서는 가운데 있는 글자가 주인공으로, 주인공이 주변 글자를

늘 불러 모읍니다. 방합은 계절의 합으로 국局을 형성한다고 하여

방국方局이라고도 합니다.

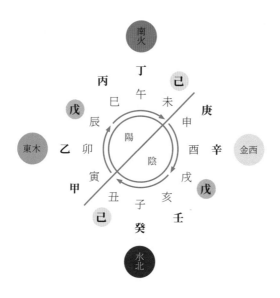

이 그림을 항상 익숙하게 외워두셔야 합니다. 역易을 응용한 학

문에서 쓰이는 기본 배치입니다.

삼합三合

삼합三合은 자료에서 보이는 바와 같이 삼합을 시작하는 계절의 첫 번째 글자와 다음 계절의 중간 글자, 그리고 세 번째에 해당하는 계절의 마지막 글자의 습입니다. 삼합은 사회적 습으로 아주 이해타산적입니다. 공동의 목표를 위해 힘을 합치는 것입니다. 즉 기업 간 성사되는 합병 계약과 같은 것으로 이별할 때 마음대로 헤어질 수 없습니다. 계약 위반입니다. 습 중에 삼합이 제일 중요합니다. 인간은 이 사회적 관계를 떠날 수 없기 때문입니다. 삼합의 종류는 다음과 같습니다.

申子辰合水	亥卯未合木	寅午戌合火	巳酉丑合金

申과 子와 辰은 만나면 水를 만들고자 하고, 가운데 위치한 子의 본래 자리의 기운을 그대로 가지고 갑니다. 즉 申에서 시작하여 子에서 번성하고 辰에서 마무리하여 결과를 맺는 형태입니다. 巳와 酉와 丑은 만나면 金을 만들고자 하고, 寅과 午와 戌은 만나면 火를 만들고자 하며, 亥와 卯와 未는 만나면 木을 만들고자 합니다. 이렇게 3글자가 만나는 것을 삼합이라고 합니다. 이들 중에 붙어 있는 2글자만 만날 때는 반합半合이라고 합니다. 즉 申子辰에서 가운데 子를 끼고 申子나 子辰으로 합할 때를 말합니다.

육합六合

육합六合은 부부의 합으로 서로 다른 형질, 즉 寅木과 亥水, 卯木과 戌土끼리 사랑으로 부득이하게 만나는 것을 말합니다. 그래서 목적이 부합되지 않으면 아주 쉽게 깨지는 특성이 있어 만났다가 금방 해산해버립니다. 서로 마주 보는 지지로 가까이 마주 보는 지지부터 시작합니다.

子丑合土	寅亥合木	卯戌合火
辰酉合金	巳申合水	午未合火

　이처럼 지지끼리 만나 그 물성이 변화하는 것을 말합니다. 寅亥合은 寅木의 특성이 亥水의 운동적 특성과 만나서 각자의 특성을 버리고 새로운 木이라는 뜻을 계승하고자 木을 지향하는 것입니다. 子丑合은 음기가 너무 강해서, 午未合은 양기가 너무 강해서 잘 쓰지 못하는 合입니다. 나머지 육합은 木火金水로 만들어진 상태로 즉시 결합해서 쓰다가 잘 깨지기도 합니다.

　자축합토子丑合土　　너무 차가워 잘 쓰기 어려운 土로 陰하고 정신적인 것을 지향하기에 지하에서 만나는 合입니다. 잘 보이지 않는 공간에서의 비밀스러운 合으로 몰래 숨어서 하는 사랑의 이미지입니다. 오행 水의 의미는 늙었다, 오래되었다, 예쁘지 않다, 비밀스럽다는 의미를 지니고 있기 때문입니다.

인해합목寅亥合木   水生木하는 역마의 合으로 해가 뜨기 시작하는 寅의 새로운 창조의 의미와 해가 지고 마무리하는 亥와의 극단의 合으로 이 둘이 만나 木을 지향하는 것입니다. 오행 木의 의미는 시작, 미래, 창조, 미래지향적, 솟구치는 특성을 말합니다.

묘술합화卯戌合火   신분이 다른 계층 간의 合으로 직업적으로도 전혀 다른 측면의 화합을 이룬 것을 말합니다. 卯는 파릇파릇한 새싹, 戌은 나이 많아 지긋한 노인으로 즉 어린것과 노인의 合을 이르는 말입니다. 나이 차이, 신분 차이, 정신적 차이, 격이 먼 반대 기운과의 合을 말합니다.

진유합금辰酉合金   상징적 동물인 용과 가치 있는 것의 合으로 기운이 센 것끼리 만난 최고의 권력을 말합니다. 즉 辰이 제왕, 우두머리가 되고 싶은 속성이라면 酉는 심판자가 되려는 속성의 合으로 대단하고 가치가 높은 것들, 힘이 있는 것들의 合

이라 강압적이며 흑백논리에 강한 특성을 보입니다.

사신합수巳申合水　　　　　역마의 합입니다. 훤히 드러난 곳에서의 합으로 가치가 매우 높은 첨단의 것입니다. 칼을 휘두르는 것끼리의 합으로, 巳나 申이 같은 역마여도 대상을 고를 때 고르는 위치나 모양이 각자 가치 있는 것을 선택합니다. 둘 다 성인이라 사회적 입장의 합입니다.

오미합화午未合火　　　　　너무 뜨거워 잘 쓰기 어려운 합으로 陽이 지나치면 방방 떠서 오히려 결실이 약하고 말만 무성해지는 경향이 있습니다. 열심히 돌아다니긴 하는데 흩어져 결실이 잘 안 맺힙니다. 더운 것끼리 만나 너무 덥기에 지쳐 그 속성 자체가 퇴색하는 합으로 긍정적 역할을 잘 해내지 못합니다. 인간이 활동하기 어려울 정도로 뜨거운 상태로 이 뜨거움을 식혀줄 글자가 와야만 쓸 수 있습니다.

2. 지지충地支沖

지지충地支沖은 천간과 다르게 격렬하고 시끄럽게 깨져 궤도를 이탈합니다. 예를 들어 寅申沖이라면 寅木이 강해지면 申金이 약해지고, 申金이 강해지면 寅木이 강해지는 시소와 같은 현상이 일어납니다. 이게 월지와 일지라면 부모가 잘될 때 내가 잘 안 되고, 내가 왕성해지면 부모는 잘 안 되는 궤도이기도 합니다.

지지는 정반대의 글자가 서로 沖하지만 천간은 정반대 글자끼리 합합니다. 기운을 붙잡고자 하는 천간은 합이 기본이라 합을 통해 유형의 것을 만들어내고자 하지만, 지지는 물성物性이 이미 완성되었으므로 점차 퇴색하게 되는 것입니다. 그래서 沖을 통해 깨어져야 새로운 변화가 일어나기에 지지는 沖이 기본입니다. 천간은 합이 기본입니다.

봄이라는 기운은 가을을 만나면 부딪칩니다. 沖은 '깨졌다, 안 좋다.'라는 것이 아니고 沖 자체로 역마를 만들어내는 것입니다. 午와 子가 만나면 더는 원래의 午로서의 모습을 유지하지 못하고 변화하는 것입니다.

이때 일어나는 변화는 역동성이지 절대 좋거나 나쁜 것의 문제가 아닙니다. 合이나 沖이나 모두 변화의 양상이고 깨지는 현상으로 만나는 모습이지, 이것을 좋거나 나쁜 것이라고 해석하는 것은 절대로 하지 말아야 합니다. 좋고 나쁨이라는 것은 그것을 맞닥뜨리는 입장에 따라, 상황에 따라 다 달라집니다.

세상의 이치는 合한 것이 언젠가 沖하고, 沖한 것은 다시 合하며, 올라간 것은 내려오고, 내려간 것은 반드시 다시 올라오게 되어 있으니 이것이 바로 역易입니다. 무조건 눈에 보이는 현상만을 보고 부정적 의미로 받아들이는 것은 좋지 않습니다.

지지충은 모두 6개입니다.

| 子午沖 | 寅申沖 | 卯酉沖 | 辰戌沖 | 巳亥沖 | 丑未沖 |

상충相沖

生	旺	庫
巳	午	未

庫	辰				申	生
旺	卯				酉	旺
生	寅				戌	庫

| 丑 | 子 | 亥 |
| 庫 | 旺 | 生 |

자오충子午沖

寅巳申亥는 생지生支 역마로 역동하려는 특성, 직접 나서서 바꾸려고 하는 특성이 있습니다. 子午卯酉는 왕지旺支로 기운이 고정되어 있어 자기 방향의 중심 기운입니다. 자기가 왕이라 자처하며 절대 자기 색을 바꾸지 않으려 하는 고집과 뚝심을 지니고 있습니다.

왕지인 子와 午가 沖하는 것은 윗사람과의 충돌을 의미합니다. 상하의 충돌이므로 극단의 충돌이 되는 것이 당연지사입니다. 왕지충은 자기 구역 왕끼리의 격돌인데다가 火와 水가 부딪치니 수직적인 상하의 충돌로 하극상을 초래합니다. 水는 위로, 火는 아래로 격돌하면서 분쟁과 분란을 일으켜 추락하기도 합니다.

하지만 오히려 갈등이 심한 곳에서 더 잘 살 수 있기도 합니다. 아니다 싶으면 확 개선시키는 힘이므로 주역괘의 수화기제(䷾) 괘에 해당합니다. 수화는 격렬해서 교제도 많으나 헤어짐도 많습니다. 만약 子午沖이 사주원국에 있다면 매우 다급하고 금방 열이 받았다 식었다, 왔다 갔다, 이랬다 저랬다를 반복하게 됩니다.

인신충寅申沖

힘과 지구력이 좋은 역마의 沖으로 새로운 시작을 의미합니다.

寅은 발생을 열고 申은 수렴을 시작합니다. 늘 새로운 것을 추구하면서 시작도 마무리도 잘하는 시작과 결실의 충돌입니다.

金이 너무 강하면 인정머리 없이 냉정하고, 木이 너무 강하면 의욕만 앞서고 마무리를 잘하지 못합니다. 이것이 잘 순환되면 시작과 마무리가 빈번해 결실을 훌륭하게 거두기도 합니다.

묘유충卯酉沖

왕지의 충돌이지만 子午沖과 달리 수평의 충돌입니다. 형제, 친구, 부부간의 충돌이라 오히려 더 까다로운 충돌입니다. 만춘의 기상이 가을의 기운을 만나 沖하는 것입니다.

卯는 寅에서 한 걸음 더 나아간 상태라 水生木 받기 조금 어려워져 지구력이 부족해집니다. 따라서 현실적으로 변화하고 작은 것을 논하게 됩니다.

가을 왕지인 酉는 섬세하고 자잘한 것을 문제 삼아 결과를 따지고, 이해타산적이며, 시시비비를 가리고, 주고받은 것에 확실한 논리를 펴게 됩니다. 어떤 것이든 조금조금 가게 되고, 폭이 좁고

논쟁이 많습니다.

金은 물질적인 것을 추구하는 경향이 심해지면서 욕심이 많아져 일을 그르치기 쉽습니다. 작은 이익을 취하려다 분쟁을 만들거나 인기 없는 사람이 되기도 합니다. 沖은 타인과의 충돌로 해결하고자 하는 속성이므로 합과 논쟁의 방식이 다른 것입니다.

진술충辰戌沖

辰은 水를 입고入庫하고 戌은 火를 입고합니다. 입고 작용이란 어떤 기운이 더 이상 작용하면 안 되기에 가두는 것입니다. 辰戌 또한 기운이 대단한 글자들로 辰은 陰을 갈무리, 戌은 陽을 갈무리하는 극단의 글자입니다. 일어섰다 누웠다 하는 극단입니다. 辰戌은 황도 즉 태양이 우주를 운행하는 궤도로 굉장한 파워와 에너지를 갖고 있습니다.

또한 土의 충돌은 큰 변형, 혁명을 말합니다. 열차로 왔다 갔다 하거나, 치과의사처럼 이를 빼고 넣고 하는 것을 의미합니다. 즉 土는 낡은 것을 버리고 새로운 것을 만들기를 원하므로 완전히 새로운 것을 만들고자 하는 기운입니다.

辰戌沖은 외적으로는 격렬하고 왕성한 활동성으로 거의 뿌리를 뽑아버리려는 응집력을 나타내지만 내적으로는 매우 조심성이 있습니다. 겉으로는 크기와 포부가 대단히 커 보이지만 사실 배포가 큰 것이 아닙니다. 속으로는 오히려 이해타산적이고 모든 것을 끌어모으려는 무한한 욕망을 품고 있습니다. 물질적인 것을 포함하여 모든 것을 지배하고자 하는 욕망입니다. 그래서 반대 세력을 제압하고 자신의 세상을 만들고 싶어하지만 상대 역시 매우 강하기 때문에 조심스러워합니다.

사해충巳亥沖

역마의 沖입니다. 巳의 지장간에는 庚金이 있어 가치 높은 첨단을 의미합니다. 亥의 지장간에는 甲木이 있어 창조력으로 만드는 것을 의미합니다. 거대한 규모로 아주 새로운 개척자 정신으로 일을 시작합니다.

또한 창조적 성질이 강해서 새로운 바람을 타고 한 번도 해보지 않았던 일에 도전해 선도하려는 혁신적인 기질을 지니고 있습니다.

축미충丑未沖

丑未는 지구가 스스로 도는 자전축의 기준입니다. 본래 지축의 궤도이지만 지축이 사선으로 틀어져 자전하기 때문에 丑未가 중심 역할을 하므로 늘 조율자 역할을 합니다. 중용적 기질이 다분해서 중심을 잡아주는 역할을 하며, 공공의 성격을 지향해나가면서 자신이 뜻하는 바를 이루고자 합니다.

이렇게 조정 능력이 탁월한 丑未는 역학이나 법무에 재주가 있으며 丑未는 천을귀인의 짝으로(甲戊庚 일간) 글자 자체에 귀貴가 들어 있습니다. 未土나 丑土가 하나만 있어도 그런 기질이 강합니다.

지지충은 낡은 것은 버리고 새로운 것을 찾거나, 먼 곳을 오고 가며 끊어내는 것과 동시에 새로운 변화를 추구하는 것을 뜻합니다. 변화란 의도하지 않아도 현실적으로 발생하는 일들입니다. 이사를 하게 되는 것, 헤어지는 것 등 인간사의 모든 변동을 포함합니다. 이직, 변동, 변화는 다 지지의 변화로 실현되는 것입니다.

천간충은 마음이 변한 것으로, 지지가 움직이지 않으면 실현되지 않습니다. 하지만 지지 역시 천간의 작용과 연동되면서 실현되는 것이므로 천간과 지지가 완전히 따로따로인 것은 아닙니다. 심적인 것은 천간이고 실제로 빼앗긴 것은 지지라는 말입니다.

지지가 움직여야 실제적인 변화, 변동이 일어나므로 천간과 지지를 잘 구분하셔야 합니다. 그리고 沖이라고 해서 절대 부정적인 것이 아니라는 점도 주의하시기 바랍니다.

1. 삼형살三刑殺

생지生支	寅	巳	申	
고지庫支	丑	戌	未	
자형살自刑殺	子卯			
반형살反刑殺	酉酉	亥亥	辰辰	午午

이제 형살刑殺을 알아보겠습니다. 刑은 수술, 조정, 변화 과제, 송사訟事, 보수補修를 의미합니다. 기존의 것을 더는 그 자체로 쓸 수 없기에 그것을 변화시켜 새롭게 만들어 쓰고자 하는 것이 刑 입니다. 가끔 흉살凶殺을 의미하기도 합니다. 대개는 부정적으로 쓰지만 이것도 다 희기喜忌에 의해 달라집니다.

잘 쓰면 수술, 조정, 송사, 보수, 연마 등을 잘하는 것이 됩니다. 치과의사 역시 刑을 쓰는 것입니다. 망가진 것을 잘 갈아내서 원상 복구가 아닌 보수된 상태를 만드는 혁신을 말합니다. 형살刑殺이 있다면 이처럼 깎고, 깨고, 닦거나 총칼을 다루는 일을 한다는 의미입니다. 횟집, 의사, 군인, 경찰, 검사, 판사 모두 刑을 직업으로 쓰는 것입니다. 사주원국에 刑을 갖고 있다면 그런 직업이 적성에 맞고 그런 것을 잘 다루는 자질을 갖고 태어났다고 할 수 있습니다.

잘 맞지 않는 것들을 깎아서 끼워 맞춰 쓰는 것이 刑으로, 보수만 하는 것이지 완벽하게 재생하는 것은 아닙니다. 沖과는 약간 다릅니다. 沖은 때려 부수고 새롭게 재생하는 것이라면, 刑은 있는 상태에서 고쳐서 쓸 수 있게 만들어놓는 것입니다.

운運에서 刑이 오면 권세가 생깁니다. 나에게 칼이 쥐어지는 상황이 생겨 직업으로 쓸 수도 있습니다. 이때는 부정적인 측면이 있는 관제, 구설, 수술과 긍정적으로 받아들여질 수 있는 직업성이 있는 일, 刑의 기운을 쓰는 환경에서 먹고사는 일이 동시에 일어납니다. 의사는 째고 꿰매는 등의 어려운 일을 합니다. 그래서 이것을 잘 쓰는 동시에 병에 걸릴 확률도 높아지는 것입니다.

인사신형寅巳申刑

이 글자 셋이 모이면 아주 강력한 작용을 하고, 둘만 모여도 형입니다.

인신寅申

沖이며 刑입니다. 외향성을 극대화하고 자신이 최고라는 생각에 성급해집니다. 반드시 인내심이 필요합니다.

인사寅巳

언론, 법무에서 잘 싸우고 절대 밀리지 않습니다. 巳의 지장간 중 庚金이 피해를 보니 반드시 庚金의 상황을 살펴보아야 합니다. 이런 형살이 있어야 이기려고 하는 마음이 강해져서 소송에서도 이기는 것입니다.

사신巳申 　　역마이면서 동시에 刑입니다. 역마를 쓰더라도 아주 강하게 쓰는 형태에 속합니다. 위험한 것을 하니까 사고를 당할 확률이 높아지는 것입니다. 이것으로 먹고살게 되지만 이것으로 다치기도 하는 양면성을 갖고 있습니다.

축술미형丑戌未刑

3글자 모두 고지庫支라 많은 것을 가두고 있는 상태로, 자신만의 세계 속에 빗장을 채운 듯 압력이 강한 공간에 있게 됩니다.

자형自刑

자형살自刑殺은 심리적인 갈등으로 불안, 초조, 괜한 의심, 피해의식이나 자책감, 죄의식 등에 시달리기 쉽습니다. 스트레스를 스스로 유발하는 자형살은 일지와 월지, 일지와 시지에 있을 때 더 큰 작용을 합니다.

자묘형子卯刑　　심리적으로 불안정하고 괴팍한 성격으로 사람을 대하는 예의범절이 부족하고 저 잘난 맛에 취해 살게 됩니다.

진진형辰辰刑　　辰土가 나란히 2개 붙어 있을 때, 원국에서 水의 기운이 강할 때 작용하는 힘이 커집니다. 후회, 아쉬움으로 본인 기대치에 못 미치는 성과 등으로 스트레스를 받습니다. 변덕이 매우 심한 특성으로 이로 인해 신용을 잃게 됩니다. 거친 피부를 가졌거나 신경성 위장병에 시달릴 수 있고 요통을 동반하기도 합니다. 물로 인해 피해를 보거나 구설 시비가 많아지고 육친과 인연이 박해집니다.

오오형午午刑　　火가 맞붙어 폭발하고 재만 남는 형상입니다. 급격, 괴강魁剛으로 해당 육친이 투쟁, 자해하는 횡액이 따를 수 있습니다. 불, 전기, 폭발물 등의 돌발사고가 생기기도 하며, 부부 인연이 박해지고 자식 운도 따르지 않습니다.

해해형亥亥刑   水 기운이 너무 강해서 문제가 됩니다. 주색에 빠지거나 물로 인한 사고로 범람, 침수, 유실 등의 흉액을 당하거나 신장, 방광에 질환이 생기기도 합니다. 특히 亥水가 인성인 경우 생각이 너무 많아져서 인성의 부작용과 함께 스트레스를 유발하기도 합니다.

유유형酉酉刑   너무 날카로운 것이 문제입니다. 호불호가 명백해서 타인과 불화하고 물리적으로 충돌하기도 합니다. 날카로운 것에 벨 수도 있고 기계로 인한 사고가 생길 수도 있지만 남을 살리는 일을 하면 흉액을 피할 수 있습니다. 흉터가 있거나 쇠붙이에 상하거나 교통사고를 당하거나 여성의 경우 생리통이 생기기도 합니다.

2. 파破

破는 측면에 있는 글자와 만나는 것입니다. 파해破害는 깨진다,

흩어진다는 뜻으로 破 또한 沖과 비슷하게 그 글자의 작용이 없어지는 것입니다. 子酉破는 子가 오면 酉가 사라지는 것이고, 申巳破는 申이 오면 巳가 무기력해지는 것입니다.

未戌은 형파로 동시에 조정해야 할 일들이 일어납니다. 작은 형살 혹은 내부적인 형살로 직접적인 원인이 아니라 변수에 의해 지연되거나 상실되는 경우를 말합니다. 처음에는 合했다가 破합니다. 그러나 반드시 일관성 있게 일어나지는 않습니다. 일이 일어날 때 흩어지면서 刑적인 일이 일어납니다.

子-酉	午-卯	寅-亥	申-巳	丑-辰	未-戌
破	破	合, 破	合, 刑, 破	破	刑, 破

破는 조정, 감리, 감독, 중간자적 역할을 하는 것이고 중재하는 것으로, 당사자 간에서 직접 일어나는 충돌이 아니라 간접적인 사안이나 사람들이 문제를 일으키게 되는 것입니다. 뭔가 일을 하려고 하는데 당사자의 부모가 반대하는 형태와 같습니다. 破가

있으면 남을 소개하는 일도 잘합니다.

3. 해害

害는 육합六合을 방해하는 글자로, 合과 沖이 합쳐져 있습니다. 寅亥 육합이 되어 있는데 寅巳害를 보면 寅亥合이 깨지는 것입니다. 巳亥沖하는데 寅亥合에 앞서 沖의 작용이 발생합니다. 대운에서 오면 10년간 잠시 떨어져 있게 되거나 신경 안 쓰게 되는 것입니다. 팔자 원국에 들어 있다면 혼자 독단적으로 이끌어가고 해결할 수 있는 능력을 의미합니다. 장인, 프로, 고독하지만 '혼자서도 잘해요'에 해당하는 기운입니다. 운에서는 合, 沖으로 이미 끝나버리기 때문에 따로 해석하지 않습니다.

子-未	寅-巳	卯-辰	丑-午	亥-申	戌-酉

이제 지장간地藏干을 알아보겠습니다.

지지		子	丑	寅	卯	辰	巳	午	未	申	酉	戌	亥
지	여기	壬	癸	戊	甲	乙	戊	丙	丁	戊	庚	辛	戊
장	중기		辛	丙		癸	庚	己	乙	壬		丁	甲
간	본기	癸	己	甲	乙	戊	丙	丁	己	庚	辛	戊	壬

　지장간은 지지 속으로 천간의 기운이 숨어 들어가는 것을 말합니다. 지장간의 감출 장藏 자는 천간 戊의 위와 앞을 풀로 가려 천간 戊 속에 가신家臣 하나를 숨겨둔 모양새입니다. 태초 우주 공간인 허무 공간 무無의 상태에서도 오행의 기운은 존재하고 있음을 말합니다. 즉 오행의 기운만 있는 상태와 같습니다. 태양과 지구, 달, 행성이 생기기 시작하면서 이 오행의 기운이 속에 숨어 들

어간다고 생각한 것입니다. 지장간은 12운성과 같이 움직이며 감춰진 궤도로 땅속에 숨겨져 있는 천간입니다.

예로 甲寅을 살펴보도록 하겠습니다.

甲 **寅** 木 （戊 土 丙 火 甲） 木	→ 丙火를 장생합니다. 외外는 木, 내內는 火의 운동을 하는 것, 12운성, 지장간, 삼합이 맞물려서 돌아갑니다.

지장간은 보이지 않는 성분 해석의 도구로 그 내부적인 운동성, 인간사, 비밀, 마음속 어떤 일을 실현하는 모습입니다. 글자끼리 연결하여 연속 운동성을 일으킴을 의미하고, 이 글자들은 수레바퀴의 연결고리처럼 서로 맞물려 있습니다.

간지 지지 중에 있는 지장간은 여기, 중기, 본기의 기운으로 각각의 기운의 세기가 다르다는 의미입니다.

여기餘氣	여餘는 남는다는 뜻으로, 아직 기운이 여기까지 남아 있다는 것입니다.
중기中氣	숨은 속뜻(寅은 丙을 生하고자 하는 마음)입니다.
본기本氣	자신의 원래 내면적 기운으로 구성됩니다. 즉 간지 지지의 모습이 사회적 가면이라면 지장간은 그 이면의 속마음을 이야기합니다.

인사신해寅巳申亥	생지生支로 태어나서 살리는 것
자오묘유子午卯酉	왕지旺支로 하나의 기운으로 물러서지 않는 것
진술축미辰戌丑未	묘지墓支로 辰이 水를 닫음으로써 火가 열리는 것

午의 지장간 丙己丁에 己土는 왕지 중 유일하게 일음一陰이 중간자 작용으로 들어간 것입니다. 간방의 土들은 계절의 간기로 어떤 글자가 극단에 이르는 것을 조절해주는 역할을 합니다.

辰은 지호地戶로 땅의 문이며, 戌은 천문天門으로 하늘이 열리는 문입니다. 그래서 귀인이 존재할 수 없습니다. 또 辰에서는 水 기운을 가두고 戌에서는 火 기운을 가두는 극지방이기 때문이기도 합니다. 자전축 방향(丑未 방향)으로 양분했을 때 辰은 水 기운이 끝나는 지점이며 戌은 火 기운이 끝나는 지점입니다.

寅과 卯의 지장간은 차이가 있습니다. 寅의 지장간은 戊丙甲으로 중기에 火를 지향하는 특성을 지니고 있는 반면, 卯의 지장간은 甲乙로 순수 木의 특성만을 갖고 있습니다. 寅은 丙火를 장생하려고 하지만 卯는 甲木의 뜻을 계승하려고 하는 것입니다.

천간은 대기의 기운으로써 작동하며 정신적인 작용으로 뿌리가 있느냐 없느냐는 하늘의 뜻이 땅에서 이루어지는 것을 나타내는 것입니다. 천간에 떠 있는 세력이 지지에 뿌리내렸는지 여부를 확인할 필요가 있습니다.

甲辰의 지장간은 乙癸戊입니다. 여기인 乙은 甲과 같은 木으로서 甲에게 보통 이상의 뿌리가 되어주므로 甲이 뿌리를 내린 형태입니다. 甲寅이라면 寅의 지장간 戊丙甲 중 본기인 甲이 천간 甲의 뿌리가 된다면 辰의 乙보다 기운이 더 강합니다. 정방인

子卯午酉는 자신의 기운을 그대로 갖고 있습니다. 그리고 다음 지지로 옮겨질 때마다 앞자리의 본기의 기운을 그대로 끌고 여기에 들어갑니다. 丑과 未만 본기 기운이 다음 기운으로 갈 때 陽의 戊土로 바뀝니다.

　사주명리학에서는 인간의 생의 시기를 근묘화실根苗花實로 나눕니다.

근묘화실의 시간적 개념

시	일	월	년
열매 實	꽃 화花	싹 묘苗	뿌리 근根
결結	전轉	승承	기起
결과	과정	시작	준비
미래	현재	과거	대과거
말년	장년	청년	초년
자녀	자신, 배우자	부모, 형제	조상
45살~	30~45살	15~30살	1~15살

근묘화실의 공간적 개념

시	일	월	년
집 밖	안방, 주방	주춧돌, 기둥	집터
일과 관련된 정략적 친구	현재 자주 만나는 친구	학교 친구	고향 친구
부하	동료	상사	사장
투기 용도의 재산	주거 관련 재산	보유 기간이 긴 재산	선산, 조상의 재산
여가	가정	사회	조국
입체	면	선	점
사지, 생식기	몸통	어깨	머리

　사주의 기둥마다 의미를 부여해 년주를 뿌리, 월주를 싹, 일주를 꽃, 시주를 열매로 간주하는 것인데, 각각의 시기별로 60갑자의 60년을 기준으로 15년씩 나눕니다. 또 이것을 유년기, 청소년기, 중장년기, 노년기로 나눕니다. 그리고 국가, 직장, 집, 문 밖, 조상, 부모, 나와 배우자, 자식 등등 수많은 키워드로 나눕니다.

　사주명리의 근묘화실로 보자면 년지는 큰 틀에서 이념, 사고방식에 해당하는 자리가 변하는 것입니다. 그래서 무슨 띠인지만 봐도 알 수 있습니다. 자기 그룹과 반대 그룹(삼합, 12운성)일 때 변화가 옵니다. 이것도 다 음양의 변화입니다. 다만 자기 그룹일 때는 자발적으로 내가 주도하고, 반대 그룹이면 타의에 의해서 변화가 주도될 뿐입니다. 하는 일, 문서 변동도 마찬가지입니다. 물론 같은 문서 변화라고 해도 년지는 국가 대세의 변화이고, 월지는 직장, 개인적인 사회관계의 변화, 부서 변동, 업무 등의 변화에 속하고, 일지는 나의 주거, 배우자, 처가, 시댁 변동을 말하며, 시지는 보험, 적금, 투자용 부동산, 자식의 변화라고 보면 되는 것입니다.

1. 12운성運星

12운성運星은 돌고 도는 운명의 수레바퀴입니다. 시간적 흐름으로 사주명리에서의 대운과 세운과 원국까지 12바퀴를 도는 것을 말합니다. 오행이 시간에 따라 변화하면서 왕쇠강약旺衰強弱을 겪는 것입니다. 木이 丑을 만났을 때 기운과 木이 寅을 만났을 때 기운이 다 다릅니다. 木은 寅을 만났을 때 기운이 가장 왕성하며 반대편 金을 만날 때 가장 미약합니다. 어떤 순간에 어떠한 운기運氣를 걸어가고 있는지 파악하는 도구가 12운성입니다. 열두 단계로 흘러가는데 생로병사生老病死 이치에 맞추어 12운성으로 이름을 붙인 것입니다.

12운성의 종류는 장생長生, 목욕沐浴, 관대冠帶, 건록乾祿, 제왕帝旺, 쇠衰, 병病, 사死, 묘墓, 절絶, 태胎, 양養입니다. 외울 때는 앞 글자를 떼고 '생욕대 / 록왕쇠 / 병사묘 / 절태양'으로 외우면 됩니다. 12운성 각각의 특성을 알아보겠습니다.

생生			장長			수收			장藏		
장생長生	목욕沐浴	관대冠帶	건록乾祿	제왕帝旺	쇠衰	병病	사死	묘墓	절絶	태胎	양養

장생長生

막 태어난 아이 상태로 생명력이 넘쳐 무럭무럭 잘 크는 희망적인 별이며, 어린아이라 주변에서 누군가 늘 지원해준다는 의미로 후견인의 별입니다. 약하고, 착하고, 순수하고, 천진난만한 기운이 상승의 흐름을 타기 시작하는 것을 의미합니다.

목욕沐浴

목욕 또는 도화살桃花殺이라고도 합니다. 장생이 갓 태어난 아이였다면 목욕은 2~6세 정도의 어린아이를 말합니다. 천지 구분을 하지 못하고 창피한 줄 모르며, 호기심이 아주 많고 일어서자마자 뛰기에 많이 넘어지고 실수해서 잦은 사고가 따르기도 합니다. 도화란 남에게 예쁘게 보이는 것이니 멋쟁이의 별이라고 합니다. 현실적인 것과는 거리가 먼 풍요와 낭만을 갖고 있습니다. 상승세이지만 그 기세는 장생보다 조금 더뎌지는 기운입니다.

관대冠帶

고등학생 정도부터 20대 초중반까지를 말합니다. 덩치는 어른이지만 정신은 아직 여물지 않은 상태로 설익은 벼라서 고개를 삐쭉 쳐들고 '내가 최고야' 하며 어른 흉내를 내는 상태입니다. 인생, 재물, 수명, 애정 모두에 다 대입하시면 됩니다. 애정이 필 듯 말 듯한 설익은 상태, 돈이 벌릴 듯 말 듯한 상태로 하는 일은 많은데 상대적으로 보수는 적어 갈등이 많습니다. 터질 듯 말 듯 답답한 상태라 할 수 있습니다. 터져나가고자 하는 압력이 집중되어 있으나 아직 부모 그늘 밑에 머물러 있는 상태이기도 합니다.

건록乾祿

과거 급제가 중요한 때입니다. 록祿, 즉 일간이 자신의 기운을 만난 것, 즉 甲이 寅을 만난 것입니다. 벼슬에 나가 자신의 기운이 아주 강해진 상태로 자수성가의 별이라고 합니다. 자신의 뜻(천간)을 지상(지지)에 펼쳤지만 아직은 막 부임한 풋내기 관료입니다. 사회적 입지는 확보했지만 그 사회가 돌아가는 물정에는 아직 미숙한 상태로 원리원칙을 매우 중요시합니다. 철두철미하게 규칙을 법대로 적용하는 시기로 많이 피곤한 상태입니다. 자수성가의 별이라 이 시기는 집안에서 내가 최고입니다. 최고라는 말은 최고 아래 부양해야 할 가족이 생기는 운입니다. 월지나 일지에 건록이나 제왕이 있으면 자수성가의 별을 타고난 사주라고 합니다.

남자가 자수성가의 별을 타고나면 부모나 아내 그 누구보다 내가 제일 잘난 상태입니다. 여자의 경우는 이럴 때 배우자 덕이 부족할 수 있습니다. 내가 너무 잘났기에 배우자나 부모가 베풀어 줄 덕이 없을 수밖에 없는 것입니다. 항상 이렇게 음양이 존재합니다. 이런 경우 분명히 영향을 끼쳐 부모의 일이 잘 안 되므로 빨리 자립시키는 것이 좋습니다. 이때는 재물을 비롯한 모든 일이 왕성하여 바쁘고 가장 좋을 때지만, 실수를 용납 못 하고 스스로 매우 철저해서 그렇지 않은 것에 굉장한 스트레스를 받을 수 있습니다.

제왕帝旺

제왕 또는 양인살羊刃殺이라 합니다. 기운이 무르익어 능수능란해진 상태로 삶에 여유가 있고 이 시기에 최고의 권세와 힘을 누리고 휘두르게 됩니다. 사회적으로는 중견 간부의 자리로 제왕 역시 자수성가의 별입니다. 총과 칼, 즉 권세를 휘두르지만 융통성이 생기기 시작하므로 이때부터 문제의 씨앗이 생겨납니다. 午에서 맨 아래 일음一陰이 생기는 것으로, 마음 안쪽 깊은 곳에서 흑심이 생긴 상태인데 이것이 눈물의 씨앗이 됩니다. 하지만 최고로 성공한 상태라 모든 일이 다 잘되고 있어 흑심과 문제의 원인이 되는 단초를 살펴볼 정신이 없는 상태입니다.

쇠衰

힘으로 이길 수 없다는 것을 알게 되고, 몸이 늙고 쇠해지기 시작한 때입니다. 60세 언저리에 들어서기 시작했고, 기운과 세력은 아직 남아 있지만 결국은 시들어가는 중입니다. 기업이라면 외면으로 확장되어 대출은 늘어난 반면 수입은 줄어들고 있는 상태를 말합니다.

병病

인간 구실을 하지 못하는 시기로 병들어 있습니다. 기업이라면 부채가 자본금을 넘어가는 상태로 이때부터는 감당이 안 되기 시작하는 때입니다. 외형적 껍데기는 남아 있어 겉은 멀쩡해 보이지만 내부는 썩어들어가고 있는 상태입니다. 사람이 그리워지기 시작하고 그래서 인정이 많아지는 70대쯤으로 속이 헛헛해져서 감성적으로 변해 현실보다 감정에 집착하게 되는 시기입니다.

사死

이제 목숨만 남아 있는 상태로 이번 생에는 더 이상 관심이 없고 다음 생에 관심이 있어 종교, 철학에 관심을 갖게 됩니다. 도저히 회생 불가능해 모든 걸 놔버린 상태로 기업이라면 부도를 맞고 포기한 상태입니다.

묘墓

죽어서 땅속에 묻히는 단계로, 기업이라면 완전히 정리하는 단계, 애정이라면 이별의 수순을 밟는 시절로, 기운적으로 이런 상실이 일어납니다. 관뚜껑을 닫아 실제적으로는 기운을 쓸 힘이 하나도 남아 있지 않은 상태입니다.

절絶

정신과 육체가 분리된 상태로 정신, 영혼만 돌아다니는 상태입니다. 빨리 다음 생을 살 새로운 육신을 찾고자 하는 시절이며 마음이 귀신의 상태로 매우 바쁩니다. 기업이라면 부도나서 도망간 상황으로 아주 불안정한 상태입니다.

태胎

이제 새 육신을 찾아 어머니 뱃속에 다시 잉태된 상태입니다. 아직은 성별 구분 없이 세포로만 존재하기에 낙태에 대한 두려움이 있어 싸움을 싫어하는 평화주의자가 됩니다. 문제가 생기면 다시 태어날 수 없기 때문입니다. 앞날에 대한 희망만 있는 상태로 앞으로 다시 살아갈 가능성만 갖고 탯줄을 붙잡고 있는 상황입니다.

양養

이제 어느 정도 자리를 잡아 낙태될 걱정은 없어 좀 여유로운 상태이지만 어머니와 분리되는 시점이므로 양자가 되는 팔자이기도 합니다. 기운이 가득 차 있어 신규 아이템으로 새로운 사업을 시작할 준비를 다 해놓은 상태입니다. 태어나기 직전의 만삭의 상태로 세상 밖에 나올 일만 남았습니다.

12운성은 이렇게 12단계로 구분되며, 인간은 이 12단계의 흐름에서 자유로울 수 없습니다. 애정, 명예, 재물, 권력 등 모든 것은 영원할 수 없습니다. 이렇게 떴다가 지고, 지고 나서 다시 뜨고, 돌고 도는 것이 세상 돌아가는 이치입니다. 추락하면 반드시 올라가고, 올라가면 내려오게 되는 것이 자연의 섭리고 이치입니다. 인간도 자연 속에 존재하는 자연물이므로 이 섭리 안에서 벗어나 자유로울 수 없음을 보는 것이 12운성입니다.

12운성 중 실제 일의 성과나 돈을 버는 시기는 장생지에서 시작되어 쇠지까지로만 이어집니다. 일의 대세는 이 구간에서 보시면 됩니다. 인간이 가장 고통스러워 하는 시기는 병사묘를 지날 때입니다. 죽지 않으려고 발악할 때가 더 힘든 법입니다. 오히려 절태양 시기가 되면 미련까지 완전히 놓아버려서 마음이 편한 것입니다.

한 가지 더, 12운성을 따질 때 양간 甲丙戊庚壬은 순행順行, 음간 乙丁己辛癸는 역행逆行합니다. 甲은 亥에서, 丙은 寅에서, 戊는 土로 土는 방향성이 없습니다. 그래서 丙과 같은 자리를 씁니다. 庚은 巳에서 장생, 壬은 申에서 장생합니다.

木은 寅卯辰 봄에서 전성기를 맞고 전 계절 亥에서 태어납니다. 火와 土는 巳午未 여름에서 전성기를 맞고 전 계절 寅에서 태어납니다. 金은 申酉戌 가을에서 전성기를 맞고 전 계절 巳에서 태어납니다. 水는 亥子丑 겨울에서 전성기를 맞고 전 계절 申에서 태어납니다.

조금 더 정리해보면 12운성의 건록, 제왕지에서는 자신의 주체성이 강해지므로 자기 사업을 하고 싶어합니다. 절태양 시기는 바쁘지 않은 상태라 놀거나 시키는 것만 하는 시기입니다.

12운성은 陽에서 陰으로, 다시 陰에서 陽으로 왔다 갔다 하며 甲이 죽는 자리에서 乙이 다시 生하기를 반복합니다. 결국 인간의 길흉화복, 생로병사가 다 이 궤도 안에 들어 있는 것입니다. 사주팔자의 8글자를 초침이라고 보면 그 초침이 각각의 궤도를 끊임없이 돌고 있는 것입니다.

전체적으로 보면 장생에서 제왕 중간까지 운이 좋습니다. 욕지에서는 벌거벗고 있는 상태로, 할 수 없이 주어야 할 상황이 발생해서 재물 손실을 볼 수 있습니다. 묘지에서는 모든 재물을 까먹는 상황이니 절대 사업을 하면 안 됩니다. 절태양에서는 존재가 밖으로 드러나지 않아 보이지 않는 상태이니 무리해서 무엇을 하려고 하면 안 됩니다.

12운성에서 순행하는 양간을 양포태陽胞胎라고 하고 역행하는 음간을 음포태陰胞胎라고 합니다. 양포태는 전 계절의 생지 寅巳申亥에서 장생하고, 음포태는 자기가 태어난 다음 계절의 왕지, 子午卯酉에서 장생한다는 것을 기억하시면 됩니다.

사주원국 내에서의 12운성은 자신의 근본적인 성향을 알아보는 것이고, 대운에서의 12운성은 10년 주기로 크게 한 번씩 영향을 끼칩니다. 그래서 사주원국의 특정 글자는 잘 나가지만 또 다른 특정 글자는 반드시 반대의 기운이므로 하락하게 됩니다. 세운에서의 12운성은 아주 미시적인 환경에 영향을 끼칩니다.

12운성과 삼합과 지장간은 아주 유기적 관계를 맺으며 다 같이 맞물려서 돌아갑니다.

2. 12신살神殺

12신살神殺은 그 대운, 그 세운에서 나아가야 할지 멈춰야 할지 보는 것입니다. 일을 시작하고 전진시키기에 자신감이 있는지 없는지를 알아보거나, 송사 진행의 문제라면 분쟁에서 이길 수 있는 형세인지 봐서 진행할지 말지 가늠하는 것입니다. 12신살도 12운성과 마찬가지로 삼합을 기본으로 합니다. 대세의 흐름을 보는 것이기 때문에 일간이 아니라 년지 기준으로 봅니다. 12신살은 지살, 년살, 월살 / 망신살, 장성살, 반안살 / 역마살, 육해살, 화개살 / 겁살, 재살, 천살 순입니다.

巳酉丑년생 기준

	지살 장성살 화개살	겁	재	천	지	년	월	망	장	반	역	육	화
자기 그룹	巳酉丑合金	寅	卯	辰	巳	午	未	申	酉	戌	亥	子	丑
반대 그룹	亥卯未合木	申	酉	戌	亥	子	丑	寅	卯	辰	巳	午	未
뒤 그룹	寅午戌合火	亥	子	丑	寅	卯	辰	巳	午	未	申	酉	戌
앞 그룹	申子辰合水	巳	午	未	申	酉	戌	亥	子	丑	寅	卯	辰
		뒤	반	앞	나	뒤	반	앞	나	뒤	반	앞	나

자신이 巳酉丑년생, 즉 뱀띠, 닭띠, 소띠라면 巳酉丑合金을 기준으로 돌아갑니다. 사주에서 순행은 시계 방향, 역행은 시계 반대 방향을 말합니다. 12신살은 순행 방향만 있습니다. 자기 그룹을 巳酉丑合金으로 보면 金 다음인 水는 앞 그룹입니다. 金 뒤인 火는 뒤 그룹, 金과 반대의 자리에 있는 木은 반대 그룹입니다.

12신살은 큰 분류로 자기 그룹, 반대 그룹, 앞 그룹, 뒤 그룹으로 나눕니다. 자기 그룹은 자발적인 변화, 반대 그룹은 타의에 의한 변화입니다. 앞 그룹은 사회 구성으로 보면 바로 앞의 형이므로 나보다 잘난 사람에게 고개를 숙여 기대서 가는 시절이 됩니다. 뒤 그룹은 바로 내 밑의 동생으로 내 아랫사람과 일하니 보기에 멋이 있지만 그에 따른 소모와 지출이 많아지는 시절이 됩니다.

12신살의 구체적인 의미를 살펴보겠습니다. 寅午戌의 寅 기준으로 보겠습니다.

지살地殺 인寅

寅(자의적)이니까 삼합 寅午戌 띠로 시작하는 것입니다. 寅午戌 년생은 범띠든 말띠든 개띠든 다 寅이 지살이 됩니다. 지살은 출발의 기상으로 자신이 품고 있는 뜻을 펼쳐보려고 떠나는 자발적인 변화입니다. 亥卯未생인데 올해 辛丑년을 만났다면 辛丑의 丑은 巳酉丑合金의 丑에 해당하므로 亥卯未合木과 巳酉丑合金은 金克木으로 반대의 기운이 됩니다. 그러니 올해 辛丑년은 亥卯未생에게 타의에 의한 변화가 생기겠다고 볼 수 있습니다. 亥卯未생은 亥卯未년을 만나야 지살이 됩니다. 亥를 기준으로 하면 자기 그룹 亥水가 木을 보고 떠나는 것입니다.

년살年殺 묘卯

년살年殺 또는 도화살桃花殺이라고 합니다. 도화는 인기살로 남의 시선을 모을 수 있는 능력을 말합니다. 寅午戌을 기준으로 하면 寅午戌合火인데 卯는 亥卯未合木에 해당하므로 卯는 뒤 그룹입니다.

도화에 해당하니 긍정적으로 보면 연예인, 정치인, 인기 강사, 인기 교수, 전문적이고 '인기'가 들어가는 영역의 직업군에 해당합니다. 부정적으로 보면 남의 시선을 받을 수 있어 유혹이 많아지므로 바람을 뜻하기도 합니다. 하지만 그렇다고 해서 무조건 바람나는 것이 아닙니다. 조건이 맞아야 합니다.

월살月殺 진辰

월살月殺 또는 고초살枯焦殺이라고 합니다. 지살이 자의적 움직임이었다면 월살은 타의적 움직임을 말합니다. 12신살의 위치로 보면 火 입장에서 정반대의 기운인 水를 만난 것으로 자신의 시대가 아님을 의미합니다.

辰은 申子辰合水로 寅午戌合火가 세력을 키워나가고 있는 구간 중에 있는 것으로, 寅午戌이 쑥쑥 자라는 과정 속에 자신의 의도와 상관없이 水를 만나는 것과 같은 어떤 일이 생기는 것입니다. 생각지 못한 상속으로, 주변 육친의 횡액으로 인해 부수적 소득이 생기기도 합니다. 아무튼 주변의 환경 변화로 인해 나에게 이득이 생기는 일입니다. 항상 모든 일에는 陰과 陽, 즉 동전의 양면처럼 긍정적인 면과 부정적인 면이 동시에 존재합니다.

망신살亡身殺 사巳

寅午戌合火 입장에서 火에 해당하는 첫 번째 글자를 만난 것으로, 즉 자신의 시대를 만났는데 자신 또한 아주 잘난 상태입니다. 巳는 巳酉丑合金으로 앞 그룹입니다. 그러나 巳는 火이지만 金의 운동을 추구하는 글자로 火 입장에서의 金임을 잊으면 안 됩니다. 결국 寅午戌合火의 입장에서 보면 먼저 세상을 살아간 사람이라 자신에게는 대단한 존재입니다.

앞 그룹 형님을 만나 속내가 다 드러나 탄로나는 정황이라 할 수 있습니다. 문서 거래를 한다면 내면의 이해관계가 다 까발려지는 상황으로, 매매에 필요한 대출을 받기 위해 모든 구차한 상황을 꺼내놓는 것입니다. 처녀와 총각이 속살을 보이는 것도 망신살 때라 이때 시집, 장가를 잘 갈 수 있습니다. 잘나가는 형님 옆에 있는 상황이므로 신분 상승을 꿈꾸게 되고 그런 행위를 실제로 하게 됩니다.

장성살將星殺 오午

본격적인 자기 그룹입니다. 지살 寅에서 시작한 일이 본격적으로 펼쳐지는 시기로 많은 무리를 이끄는 상황입니다. 午의 자리는 자기 그룹으로 자신이 리드하고 주도하는 자리입니다. 12운성상 왕지이다 보니 자신의 기운이 너무 과해져 자신도 모르는 사이 과욕을 부리거나 지나친 고집으로 부정적인 일이 생겨 구설과 잡음이 따르게 됩니다.

반안살攀鞍殺 미未

전쟁에서 전리품을 챙겨오는 자리입니다. 寅午戌合火의 입장에서는 亥卯未合木 동생을 만난 것으로, 未는 뒤 그룹에 해당합니다. 그러니 많이 보태주어야 하므로 지출이 발생하고, 결실과 결과도 얻지만 나눠주기도 해야 하는, 호주머니에서 재물이 나가는 상황이 생깁니다.

역마살驛馬殺 신申

申子辰合水에 해당하는 글자로 寅午戌合火의 입장에서는 반대 그룹을 만난 것이므로 타의에 의한 변화가 따릅니다. 寅午戌의 입장에서는 申子辰合水 운동으로, 더는 火를 고수할 수 없는 상황이라 움직여야만 하는 것입니다. 申은 반대 그룹의 운동이 일어나는 곳으로 자신이 가고 싶어서 움직이는 것이 아니라 가야만 하는 상황이나 주변 환경의 변화로 인해 먼 곳으로 이동하게 되는 것입니다.

육해살六害殺 유酉

6개의 害가 있는 것으로 궤도로는 寅午戌合火가 앞 그룹을 만난 것입니다. 巳火는 火로 자신의 시대이지만 巳酉丑合金의 酉는 앞 그룹을 만난 것이니, 자신도 잘났지만 형님도 매우 잘난 상태입니다. 이번에는 자신의 기운이 쇠락하고 있는데 다른 계절을 만났으니 자신보다 훨씬 힘이 대단한 사람을 만나 꼼짝 못 하는 상황입니다.

이때는 목숨을 걸고 사는 시절입니다. 저승사자를 만나 부여받은 힘을 잘 써야만 합니다. 저승사자가 지닌 의미는 나보다 계층적으로 대단한 사람들과의 소통입니다. 이것은 즉 목숨을 담보로 하여 일하게 되는 것을 뜻합니다. 이때는 에어컨 설치, 고층 건물 유리창 청소, 간판을 다는 일 등, 건강의 측면에서는 매우 불이익을 주지만 가을의 결실처럼 금전적 이득과 수확이 많은 시절입니다. 이때는 누군가에 의지해서 가야 굉장한 이권이 있는 상태이므로 큰소리치지 말아야 합니다. 고개를 쳐들면 죽고, 숙이면 살수 있는 때입니다.

화개살華慨殺 술戌

寅午戌合火의 시대는 戌에서 마무리됩니다. 이제 화려했던 불은 불씨만 남기고 火의 종적을 감춰야 하는 시기에 도달한 것입니다. 핵심만 남기고 戌 내 그룹 고지庫地에서 기운을 정리하는 것입니다. 이때가 되면 자발적으로 사업의 규모와 처세를 작게 줄이고 자의적으로 마무리 짓는 구간으로 들어갑니다. 내실 있게 구조 조정하는 시기로, 종교나 철학과 관계된 일을 시작하기도 합니다.

겁살劫殺 해亥

뒤 그룹인 亥卯未合木이 겉으로 드러나지 않는 시기입니다. 뒤 그룹이라 내가 권세를 발휘하는 영역이지만 나를 옴짝달싹하지 못하게 하는 일도 벌어집니다. 火의 입장에서는 힘을 발휘해야만 할 때인데 청천벽력같이 오행의 水를 만나버린 것입니다. 그래서 구속, 강제 집행과 같은 깜짝 놀랄 일이 생기기도 하고, 그런 일을 만들 능력도 있는 것입니다. 남에게도 이런 식으로 힘을 발휘하게 됩니다. 경찰, 검찰, 수사관과 같이 은밀히 움직이고 대외적으로 멋있어 보이는 일을 하게 됩니다. 亥水는 주역괘로 보면 음기가 6개인 중지곤(☷) 괘로 비밀을 완전히 가두어놓은 것을 말합니다.

재살災殺 자子

寅午戌合火 입장에서 완전히 반대 그룹인 申子辰 운동의 왕

지旺地를 만난 것이라서 '꼼짝하지 마!' 하는 상태입니다. 반대 그룹을 만나 자신의 모습을 감추고 있는 형상으로, 감옥에 갇힌 상태입니다. 이때 몸은 자유롭지 못하지만 머리를 쓰는 일을 하게 됩니다. 내면에 작지만 활발한 뜻을 품고 있고, 갇혀 있지만 그 안에서 모든 것을 처리하는 지혜와 전략이 뛰어납니다. 사주원국에 재살이 있다면 머리가 좋아 기획, 전략 분야에서 일하기 적합하지만, 운에서 재살을 만나면 실제로 감옥에 갇히거나, 구설수나 소송에 휘말려 아무런 힘을 쓰지 못하는 상태가 되기도 합니다.

천살天殺 축丑

寅午戌合火 입장에서 앞 그룹 巳酉丑合金을 바라보고 있으니 최고 권력자와 어깨를 나란히 한 상태입니다. 사람 목숨을 좌지우지하는 자리라 제왕 의식을 갖게 되며, 늘 앞서가려는 마음을 갖고 살지만 아직 자기 계절을 만나지 못해 자유롭지 못하므로 제왕 의식만 있는 상태입니다. 천살을 갖고 있다면 아무나 하지 못하는 분야로 갈 수 있는 능력이 있지만, 자신의 시대가 아직

열리지 않아 하늘을 보고 원통함을 쏟아내는 상태입니다. 자신을 최고 권력자와 동급으로 여기고, 스스로 아주 대단하다고 생각한 나머지 시시한 일을 하지 않고 인류를 위해 살고자 합니다. 의료, 법관, 공학자, 종교, 철학, 우주 등 아무나 하지 못하는 일을 논하는 일을 하게 됩니다. 寅午戌 중에서 특히 寅년 丑월생이 이런 성향을 매우 두드러지게 나타냅니다.

12신살은 무엇보다도 자기 그룹, 반대 그룹, 앞 그룹, 뒤 그룹이라는 그룹이 갖는 특성을 잘 이해해야만 합니다.

우주 만물의 현상은 무조건 부정적인 것도, 무조건 긍정적인 것도 없습니다. 사주원국에 들어 있다는 것은 본체內體를 이루는 것입니다. 자신의 몸이 그 시공간에서 짜여 만들어진 것이 기질이고 성품이라 사상과 직업 또한 그것을 따라갑니다.

만약 巳酉丑년생이 辰을 가졌다면 앞 그룹의 천살을 가지고 있는 것입니다. 인간은 윗사람이나 전혀 경험해본 바 없는 남의 동네인 반대 그룹을 지날 때 겸손해지고 참는 법을 배우게 됩니다. 처음 맞닥뜨릴 때는 불편하지만 20년간 그렇게 살다 보면 고개 숙이는 법을 배우게 되는 거죠.

예로 참을성을 생각해보면, 나이가 들면서 참을성이 많아지는 것은 경험을 통해 단련되었기 때문입니다. 남을 따라가본 사람이라야 또 세월이 지남에 따라 다른 사람을 이끌 수도 있습니다. 최소 40년 정도는 지나면서 이 꼴 저 꼴 다 겪다 보면 그 이후에는 인생의 프로가 되는 것입니다. 그래서 나이들어가면서 능수능란해지는 것이 자연스러워집니다.

한 대운10년 안에서도 12개의 세운을 지나게 되니 기운이 그때마다 펼쳐졌다 다시 오므리기를 반복하며 12신살은 그 대운, 그 세운에서 일어나는 사안의 대세를 보는 것입니다. 만약 운이 위 그룹에 있다면 자기 그룹이 꼼짝하지 못하는 상황이 되므로, 송사가 얽힌 일이라면 절대 자신이 먼저 나서서 시작하지 말아야 합니다. 즉 운의 흐름에 따라 전개되는 일에서 맡게 될 책임이나 역할, 그리고 그 일의 대세를 가늠해보기 위해 사주원국, 대운이라는 환경, 세운에서의 자신의 영향력을 보는 것입니다.

12신살을 요약해보겠습니다.

자기 그룹 : 지살, 장성, 화개

내가 주도하고 의지를 펼쳐 뜻을 실현한다. 내가 환경 변화를 주도한다.

앞 그룹 : 천살, 망신, 육해

내가 감당하지 못하고 극복하기 어려워 끌려다니는 시기로, 나의 시대가 되지 않아 때를 기다리며 하늘을 보고 원통해하는 시기이다. 고개 숙이고 그로 인해 용돈 받는 시기이며, 윗사람을 만나 많이 배우고 성장하는 시기이다.

반대 그룹 : 재살, 월살, 역마

타의가 주도하고 나는 끌려간다. 내 의도와는 상관없이 발령받아서 움직이게 된다. 卯년생에게 丑土는 월살로 자신을 잘 키워나가는 가운데 갑자기 닥친 고초와 횡액을 의미하지만, 巳년생에게 丑土는 화개로 자신이 주도해서 정리한다는 의미이다.

뒤 그룹 : 겁살, 년살, 반안

수사, 강제, 강요, 강압을 의미하며 내가 주도하고 끌고 다니며 뽐내는 자리라 폼을 잡는 것이 중요하다. 투자하는 시기로 지출과 소모가 많아진다. 寅午戌년생이면 卯를 보는 것이며 전 계절 뒤 그룹의 왕지로, 도화살이다.

공망이란?

　공망空亡은 1주柱를 기준으로 간지적 측면, 육친적 측면, 오행적 측면을 다 봐야 합니다. 사주원국과 대운에서도 봅니다. 공망의 의미는 비어서 그 작용력이 상실된 것으로 허탕, 헛수고라기보다 형체는 있지만 내용이나 작용하는 힘을 잃어 비어버린 것으로 보는 것이 적당합니다. 겉은 분명 멀쩡한 사과인데 잘라보니 속이 썩어 있어 먹지 못하는 상황입니다. 부모라면 어린 자식을 먹이고 보살피고 교복과 가방을 사주고 학교를 보내주어야 하는데 같이 살고 있더라도 이런 역할 수행이 잘 안 되는 것, 그래서 분명 존재하지만 활용할 수 없는 상태를 공망이라고 합니다.

　천간을 기준으로 甲子, 甲寅, 甲辰, 甲午, 甲申, 甲戌 순으로 간지에 해당하는 글자를 보면 본인의 공망을 알 수 있습니다. 사주원국에 있을 수도 있고 없을 수도 있습니다. 또 원국에 없다 해도 대운에서 다시 만납니다. 乙酉 일간이라면 午未가 공망, 己酉 일간이라면 寅卯가 공망이 됩니다. 이 글자를 볼 때 공망이라는 것입니다.

공망/일간	甲	乙	丙	丁	戊	己	庚	辛	壬	癸
戌亥 공망	子	丑	寅	卯	辰	巳	午	未	申	酉
子丑 공망	寅	卯	辰	巳	午	未	申	酉	戌	亥
寅卯 공망	辰	巳	午	未	申	酉	戌	亥	子	丑
辰巳 공망	午	未	申	酉	戌	亥	子	丑	寅	卯
午未 공망	申	酉	戌	亥	子	丑	寅	卯	辰	巳
申酉 공망	戌	亥	子	丑	寅	卯	辰	巳	午	未

1. 운 공망

대운 공망은 공망의 작용이 크게 일어납니다. 공망에 해당하는 대운 20년간 해외와 인연이 생기거나, 섬에 살게 되거나, 외딴 곳에 떨어져 하는 일을 하게 되기도 합니다. 보통 대운에서 간섭하는 사주원국 내의 글자 변동으로 이동하게 됩니다. 대운 공망은 큰 틀에서 일어나는 작용입니다. 만약 그 해의 이동이라면 앞에서 배운 12신살로 보는 것입니다. 세운 공망은 12년마다 공망을 한 번씩 맞이하고 2년에 걸쳐 돌아오므로 그 작용이 그렇게 크다고 보지 않습니다. 대운은 20년 내내 공망에 걸리는 것이니 작용이 큽니다.

2. 육친 공망

비겁 공망

비겁은 형제라 할 수 있습니다. 첫 번째로는 형제의 역할 상실로, 자신과 멀어져 보이지 않는 사람, 즉 외국에서 살아 직접적 영향력이 없어 있지만 없는 것과 같은 존재가 되는 것입니다.

두 번째는 형제라는 형체는 분명 있는데 내용은 없는 것으로, 형제가 종교나 철학의 정신적인 분야의 직업, 즉 스님이나 역술인, 무술인이 되거나 말로 먹고사는 교육에 관련된 직업, 심리 치료,

연극 치료와 같은 일에 종사하게 됩니다.

세 번째는 실제로 이 시기에 무능력한 사람이 되어 기능을 상실해 실제로 감옥에 가거나 아파서 누워 있게 되는 것입니다. 부모가 있지만 도와줄 수 없는 상태입니다.

식상 공망

식상은 내 삶의 수단으로 여자에겐 자식을 의미하며, 자식이 앞에서 이야기한 특성을 갖게 됩니다. 자식이 외국을 떠돌거나, 말로 먹고살거나 기능을 상실하게 되는 경우입니다.

재성 공망

남자에게는 배우자입니다. 그러니 배우자의 모양이 공망, 즉, 외국과의 인연으로 교포이거나 외국에서 만나거나 외국인을 만납니다. 외국에 가서 배우자를 얻는 경우도 많습니다.

관성 공망

여자에게는 남편에 해당합니다. 남편이 무능력하거나 남편이 공망의 모양입니다. 정관의 모양이 공망이라면 외국계 조직, 지점, 해외지사가 직장이거나 섬에 있는 회사로 일을 하러 다닐 수도 있습니다. 그게 아니라면 그 회사가 추구하는 것이 무형의 것으로 인터넷, 게임, 무역 또는 정신적인 것과 관련된 사업입니다.

인성 공망

학문의 특성이 공망적인 것입니다. 공망적인 학문은 정신적인 학문으로 정신, 종교, 역사, 심리, 철학 등 추상적인 학문을 추구하게 됩니다. 인성은 부모에 해당하므로 부모의 덕을 제대로 받을 수 없게 되기도 합니다.

3. 간지 공망

앞에서 배운 근묘화실을 적용해서 간지별 공망을 공부하겠습니다. 공망은 지지를 기준으로 봅니다. 지지 기준이지만 그 공망지지가 받치고 있는 천간도 같이 공망이 됩니다. 즉 그 간지 전체가 공망입니다.

년年 공망

초년의 시절이 공망으로 어려서부터 정신적인 것에 관심을 보이게 됩니다. 자신의 조상의 기상이 공망입니다. 근묘화실의 위치로 년지는 머리, 터전, 마당, 사상의 베이스이기에 사고 방식 자체가 공망의 틀이라는 것입니다.

월月 공망

어려서는 그런 생각을 하지 않다가 월지에 해당하는 때가 되면 정신적 분야와 관련이 많은 일을 하게 됩니다. 월지는 나의 젊은 시절로 자신의 틀이 20대를 지나면서 공망이 되는 것입니다. 또한 부모 자리가 공망이라 부모의 덕이 없어 부모의 몸은 있는데 영향이 없는 것, 부모가 잘 살아 있다면 서로 떨어져 있게 되는 것을 말합니다. 청소년기에 부모가 보살펴줘야 하는데 그 혜택을 못 받는 것이므로 공망인 것입니다.

일日 공망

일지는 자기 자신과 배우자 자리로, 공망이 없습니다.

시時 공망

자신의 말년 환경이 공망이고 자식의 덕을 보기 어렵다는 것(자식이 잘 안 된다는 의미가 아닙니다), 자식이 공망된 환경 분야에 가 있다는 것을 의미하기도 합니다. 자신의 말년의 환경이 공망이라면 외국 생활을 하거나 물 건너가 섬에 살거나 노년에 할 일 없이 세월을 보내는 것으로, 특별한 목적이나 뜻 없는 한적한 전원생활을 의미하기도 합니다. 속세를 떠날 수도 있습니다.

사주명리에서 그 사주의 격과 그릇은 월을 기준으로 하는데 이것을 월령이라고 합니다. 월은 근묘화실로 16~30대에 속합니다.

따라서 직업 형성에서 가장 중요한 글자로 약 70~80% 정도 좌우하게 됩니다.

4. 오행별 공망

사주원국에서 공망이거나 운에서 공망을 맞게 될 때는 지금 이 자리에서 하는 일의 진행이 순조롭지 않게 되므로 외국으로 가면 그 공망의 형태를 띠면서 결과를 얻을 수 있습니다.

목木 공망

木은 창조적 성분입니다. 공망이 되면 길러내는 행위가 추상적인 성격을 띠게 됩니다. 이때 외국으로 공부든 일이든 하러 나가게 된다면 동방, 일본으로 가게 됩니다.

화火 공망

火는 발산, 언론, 사회적 활동력, 대인관계에 해당하는데, 공망이 되면 이 부분에 장애가 따르게 됩니다. 남들과 똑같이 하려면 방해가 많이 따르는 것이지, 못 한다는 것과는 다릅니다. 외국에 나간다면 열대 지방이나 동남아시아 정도가 될 것입니다.

금金 공망

金은 마무리 결실의 성분으로 공망이 되면 이 결실을 거두는 마무리 행위가 순조롭지 않게 됩니다. 이때 외국에 나간다면 선진국으로 갈 수 있습니다.

수水 공망

水는 저장하고 갈무리하는 성분으로 공망이 되면 그 행위가 추상적인 것으로 바뀝니다. 이때는 인도나 네팔 같은 가난한 나라에 가게 됩니다.

신살神殺은 긍정적이고 복된 역할을 하는 신神과 부정적 작용을 하는 살殺로 나뉩니다. 신神이라 해서 다 좋고, 살殺이라 해서 다 나쁘지도 않습니다. 이것도 역시 음양의 대세 속에 적절하게 작용하면 좋지만, 좋은 것도 지나치면 부정적인 역할을 합니다. 옛날에 신살이 나쁘게 쓰였다면 그때의 시공간의 특성을 꼭 생각해야 합니다. 속성 그 자체가 무조건 부정적이거나 무조건 긍정적인 것은 아닙니다.

1. 신살神殺

백호대살白虎大殺

지지에 다 土를 깔고 있습니다. 폭발적인 기운과 성향을 말합니다. 백호는 간지가 통으로 구성될 때를 말합니다. 좋게 쓰이면 일을 해결하는 힘이 되지만 나쁘게 쓰면 폭력성으로 쓰일 수도 있습니다. 항상 사안의 양면성을 다 봐야 합니다.

천간	甲	乙	丙	丁	戊	壬	癸
지지	辰	未	戌	丑	辰	戌	丑

원진살怨嗔殺

서로 붙어 있으면서도 이유 없이 싫어하는 사이입니다. 일지를 기준으로 년월시와 운에서 올 때 봅니다. 만나면 싸우고 헤어지면 그리워지는 사이입니다.

子↔未	丑↔午	寅↔酉	卯↔申	辰↔亥	巳↔戌

양인살羊刃殺

일간이 陽일 경우에만 해당됩니다. 10干에서 陽인 甲丙戊庚壬에 지지 子午卯酉가 있을 때 해당합니다. 甲卯만 빼고 나머지는 간지로 구성됩니다.

천간	甲	丙	戊	庚	壬
지지	卯	午	午	酉	子
오행	木	火	土	金	水

괴강살魁罡殺

괴강은 북두의 천괴天魁와 천강天罡을 합친 말입니다. 戊은 천괴이고 辰은 천강으로, 무형인 정신은 戊이 거두고 유형인 물질은 辰이 흡수하여 기운의 극과 극으로 맹렬함이 집중되어 있는 것을 말합니다.

천간	庚	庚	壬	壬	戊
지지	辰	戌	辰	戌	戌

탕화살湯火殺

1글자만 있어도 탕화로 보며 3글자가 다 모였을 때 작용은 더

큽니다. 불, 화학 등을 다루는 글자입니다. 이것으로 사고를 당하기도 합니다.

지지	寅	午	丑

귀문관살鬼門關殺

정신적으로 아주 예민함을 말합니다. 예민하고 전문적인 일을 다룰 수 있습니다. 원진살과 흡사하나 子未가 子酉로, 寅酉가 寅未로 바뀐 것입니다.

子↔酉	丑↔午	寅↔未	卯↔申	辰↔亥	巳↔戌

상문 조객살喪門 弔客殺

당해의 지기地氣에 의해 판단하는 신살입니다. 子년에는 申子辰合水의 기세이므로 寅午戌合火의 기세를 가진 2칸 앞쪽과 뒤쪽의 간지 寅과 戌이 무력해짐을 의미합니다. 해당하는 글자는 무력, 망실, 상실, 그리고 그로 인한 변동사를 나타냅니다.

지지	子	丑	寅	卯	辰	巳	午	未	申	酉	戌	亥
상문	寅	卯	辰	巳	午	未	申	酉	戌	亥	子	丑
조객	戌	亥	子	丑	寅	卯	辰	巳	午	未	申	酉

천라지망天羅地網

火 기운과 水 기운이 갇히는 지지가 천라지망입니다. 두 기운이 함께 동반하여야 작용합니다. 일지에 하나가 있고 년지, 월지, 시지 중 한 곳에 하나가 있으면 성립됩니다. 특히 辰과 戌은 고지이므로 이때에는 자신이 하던 일만 하고 새로운 일을 벌이지 않는 것이 좋습니다. 관재, 송사, 형액, 부부 금슬 분리, 사업을 흉흉하게 하는 작용을 하기도 합니다. 대운과 세운에서 천라지망이 중첩되면 더 안 좋은 재앙이 발생합니다.

천라天羅 戌亥 (12운성 絶墓 자리 : 火 기운이 끊기고 갇힌다)

지망地網 辰巳 (12운성 絶墓 자리 : 水 기운이 끊기고 갇힌다)

2. 귀인貴人

앞에서는 살殺을 말씀드렸습니다. 여기부터는 신神입니다.

천을귀인天乙貴人

귀인은 나쁜 일이 생기지 않고, 나쁜 일도 피해가는 길신입니다.
일日, 시時에 있으면 더욱 좋습니다.

일간	甲戊庚	乙己	丙丁	辛	壬癸
모든 지지	丑未	子申	亥酉	午寅	巳卯

월덕귀인月德貴人

태어난 월의 지지와 모든 천간에 적용됩니다. 일주, 시주에 있으면 더욱 좋습니다. 삼합의 가운데 글자에 해당하는 양간이 있으면 월덕귀인입니다.

월지	申子辰	巳酉丑	寅午戌	亥卯未
모든 천간	壬	庚	丙	甲

천덕귀인天德貴人

하늘에서 덕을 내려주는 귀인입니다. 어려운 일을 당해도 하늘이 도와줘 큰 횡액을 면하고, 형충파해와 다른 흉신들의 작용을 감소시킵니다. 자식이 잘된다고도 합니다.

월지	子	丑	寅	卯	辰	巳	午	未	申	酉	戌	亥
천간		庚	丁		壬			甲	癸		丙	乙
지지	巳			申		申	亥			寅		

천록귀인天祿貴人

복에 복을 더해주는 귀인으로 신약身弱할 때 도움이 됩니다. 신약이란 일간과 같은 오행의 지지가 없을 때를 말합니다. 월덕귀인과 천덕귀인은 월지를, 천록귀인은 일간을 봅니다.

일간	甲	乙	丙	丁	戊	己	庚	辛	壬	癸
모든 지지	寅	卯	巳	午	巳	午	申	酉	亥	子

재고귀인財庫貴人

재물이 창고에 쌓여 있다는 의미로 지지에 재고財庫, 즉 재물의 사고四庫인 辰戌丑亥를 깔고 앉은 상태이므로 부귀하게 되는 길신입니다. 재고귀인에 해당하는 일주를 보면 지장간의 글자가 재성에 되는 것을 알 수 있습니다. 甲辰 일주라면 甲에게 비겁은 木입니다. 辰 지장간 乙癸戊의 戊가 甲의 재성이니 辰土가 재물 창고가 되는 것입니다. 丙戌의 戌의 지장간은 辛丁戊로, 辛은 丙火의 재성이므로 재물 창고입니다. 재물은 드러나지 않게 가둬야 그것이 잘 유지된다는 의미입니다.

천간	甲	丙	丁	戊	己	辛	壬
지지	辰	戌	丑	辰	丑	未	戌

사주명리에서 쓰이는 개념들을 공부해봤습니다. 이 테마들을 갖고 사주를 풀어보는 법을 말씀드리겠습니다.

1. 사주원국과 대운을 뽑습니다. 관련 앱과 웹사이트가 있으니 어렵지 않게 할 수 있습니다.

2. 월과 시의 음양의 조화를 봅니다.

3. 육친을 뽑고 오행의 상생상극의 상황을 봅니다.

4. 12운성의 대운과 세운의 상황을 살핍니다.

5. 12신살의 흐름을 통해 한 해의 대세와 자신의 기운 변화를 알아봅니다.

6. 운에서 일어나는 合, 沖, 刑, 破, 害가 12신살과 어떻게 맞물려 있는지 봅니다. 金의 고지인 丑이 沖되면 재물이 나가면

서 갈등과 싸움이 일어납니다.

7. 대운의 영향과 세운의 영향 등을 포함해서 해석합니다.

정리하자면 한 사람의 사주명조로 그 사람이 가는 대운, 즉 10년마다 큰 국면으로 바뀌는 지점을 보고 매년 만나는 세운을 해석합니다. 그리고 3개의 큰 카테고리 안에서 큰 국면은 지금 어디이고, 그 큰 국면에서 만나는 사건은 무엇이며, 그 사건이 과연 자신에게 직접적인 영향을 주는 일인지, 일자리의 변동이 있는지, 돈의 문제인지, 조직의 문제인지, 아니면 직장의 문제인지, 문서를 잡게 되는지, 학위를 따게 되는지 등을 보는 것입니다.

이것은 단지 한 국면만을 이야기한 것으로 더 확장해서 살피면 어떤 일이 그 사람과 관련된 일상사를 비롯하여 그 사람이 속한 사회 전반에 걸친 모든 내용을 추리, 예측해볼 수 있는 것입니다.

순서와 원칙은 위에 말씀드린 바와 같지만, 오랜 역사를 지닌 학문이며 명을 예측하는 도구이므로 공부가 절대 녹록지 않습니다. 다만 이 책을 통해 사주명리가 미신이나 기복으로 푸는 행위로 귀결되는 것이 아니라는 것만은 아셨으면 좋겠습니다. 부디 많은 공부를 통해 사주명리를 자신을 알아가는 도구로 사용해보시기 바랍니다.

채 100년도 못 사는 인간의 삶이지만 우리는 우리의 미래를, 그리고 지금 하는 일의 진행 상황을 늘 궁금해합니다. 그리고 요즘같이 복잡다단한 세상에서는 더더욱 정신줄을 붙잡고 어떻게 살아야 하는지를 궁금해합니다. 세상사에 휩쓸리며 살았더니 남는 것은 성과 없는 상처뿐인 경우가 허다하지만, 그래도 남은 삶을 잘살아보고 싶은 마음은 누구나 같을 것입니다. 그런 질문에 대한 몇 개의 답 중 하나가 명리가 아닌가 싶습니다.

마치는 글

사주명리는 역학의 한 부분입니다. 역易 안에 다 포함되어 있습니다. 주역, 명리, 관상, 풍수, 한의학은 다 易 안에 포함됩니다. 易이라는 것을 알긴 아는데 易을 제대로 알고 제대로 쓰는지는 스스로 잘 살펴봐야 합니다.

易은 한마디로 일월의 변화, 즉 陽과 陰의 변화를 말합니다. 날일日 자와 달 월月 자가 합쳐져 易이 되는 이치입니다. 해와 달을 기준으로 쓴 것은 易은 매일 날씨가 변하듯 계속 변한다는 뜻입니다. 이것은 우리가 매일매일 같은 날을 맞이하는 것처럼 느껴도 지금까지 맞이한 하루하루가 단 하루도 똑같은 날이 없었다는 것을 의미합니다. 매번 봄을 맞이하지만 한 번도 똑같은 봄은 없었다는 것, 올해의 봄은 작년의 봄과 전혀 다른 봄이라는 것입니다.

확연하게 보이지 않지만 분명 미세하게 다른 부분이 있습니다.

易이 의미하는 바는 결국은 이런 변화인데도 불구하고, 잘못 이해하게 되면 가장 기본 이치이자 개념인 변화가 빠지게 됩니다.

易이라는 것도 원래 존재하던 것이 아니라 태초에 누군가가 만들었을 것입니다. 그 누군가가 만든 원리 자체가 어디서 왔느냐를 생각해보면 자연에서 왔다는 논리로 추론해볼 수 있습니다.

사주명리는 역사가 매우 깊습니다. 물론 처음부터 사주명리라고 명명했던 것은 아닙니다. 명리라는 용어를 맨 처음 시작한 것은 전국시대 곽박의 『옥조신응진경玉照神應眞經』이라는 책에서라고 추정합니다.

안타깝게도 우리나라에는 사주명리에 대한 자료가 그렇게 많이 남아 있지 않습니다. 우리나라 명리학의 기원은 조선왕조실록의 기록을 통해 추리해볼 수 있습니다. 조선왕조실록에는 서거정의 『필원잡기筆苑雜記』에 사주라는 말이 처음 등장한다고 적혀 있습니다. 서거정은 조선 성종 때 사람으로, 『오행총괄五行摠括』이라는 책을 통해 세조의 사주를 분석한 자료를 정리했습니다.

구한말이 도래하면서 〈독립신문〉을 통해 이런 미신이나 우상 숭배 문화를 없애려는 운동이 시작되었고, 마침 조선총독부에서도 조선의 민족 문화를 말살하는 개혁 정책을 추진하면서 이런 자료들이 다 소실되었습니다. 진심으로 안타까운 사실은 정말 중요한 자료들과 시중에서 떠돌던 많은 민간 자료들이 다 없어졌다는 것입니다.

이후 이승만 정권이 기독교 신앙을 기반으로 무속, 명리, 역학 계열 종사자들을 시정잡배와 같이 취급하기 시작했습니다. 이런 이유로 스승이 제자에게 일대일 구전으로 비밀리에 자료를 전하는 방법 외에는 다른 수가 없었습니다.

이때부터 사람들 사이에서 사주를 보는 사람들을 어딘가 어리석은 사람 취급하는 문화가 생겼습니다. 지금도 그런 문화가 완전히 사라진 것은 아닙니다. 점을 보러 간다, 사주를 보러 간다고 하면 눈치를 보고, 누가 보는지 안 보는지 확인하기도 합니다. 방송에서도 사주명리를 거론할 때 가볍게 취급합니다. 속으로는 무척 궁금하면서도 말이죠.

그런데 사주명리는 사람을 살리는 동양 오술 중 하나에 속하는 엄연한 술術입니다. 동양 오술은 명복의상산命卜醫相山으로, 명命은 자기가 태어난 년월일시(사주)의 기운에 의해 자기 자신의 운명의 전반적인 기운을 판단하는 것을 의미합니다. 복卜은 점을 치는 것입니다. 사람들은 보통 점이 미신이며 비과학적이라고 생각하지만, 점은 절대 시공간이 존재하지 않는다는 상대성 이론과 시간의 양자화 개념에 기초한 매우 훌륭한 예측 학문입니다. 의醫는 동양의학으로 체질론, 기미론(섭생), 운기론으로 나누어 운용합니다. 상相은 음택양택풍수와 성명학 같이 더욱 적극적으로 개입하여 운명을 개척하는 비법입니다. 산山은 동양의 다양한 기공술 또는 정신적 수양을 의미합니다. 산이 의미하는 것은 속세를 떠나는 것이 아니라 마음을 떠나는 공부를 뜻합니다. 이 술법에 속하는 것 중 하나가 사주명리입니다.

한의학의 경우는 국가에서 인정받고 주민등록증을 발부받은 시민이 투표권을 부여받은 상태와 같지만, 사주명리는 아직 불법체류자 신세와 다름이 없습니다. 그래도 요즘 들어 대학이나 대학원에서 사주명리 연구가 활발하게 진행되고 있으며 앞으로도 사주명리에 대한 수요나 연구가 이어질 것이라 생각합니다.

사주명리 공부를 처음 시작할 때는 외울 것이 많습니다. 기초적인 부분은 무조건 암기입니다. 이해해야 하는 것의 수는 적고 암기할 것이 많습니다. 그러나 어쩔 수 없습니다. 영어를 잘하려면 일단 알파벳을 외운 뒤에 단어를 외워야 하고, 기초를 갖춘 다음 단어의 어원이나 문법 공부를 해야 하듯이 말입니다.

나이가 들수록 암기력은 떨어지는 반면, 상대적으로 분석력은 좋아집니다. 이것 또한 음양의 원리입니다. 젊었을 때는 木이 체體가 되는 것이고 金이 용用이 되는 것입니다. 나이가 들면 반대로 金이 체體가 되고 木이 용用이 되기 때문입니다.

사주명리를 격국용신이나 육친 풀이법으로 보는 것은 풀이의 한 방편이지 절대 이것이 사주명리 해석의 전부는 아닙니다. 글자를 자연으로 바꿔서 볼 수 있는 사고력, 관찰력, 분석력이 있어야 합니다. 그러려면 자연에서 생성된 천간 10간, 12지지의 원리에 대해 아주 잘 이해하고 있어야만 합니다.

기초적인 것은 외워야 하지만 기초 공부가 끝나고 나면 단순히 외워서 될 문제가 아니라 이해가 필요합니다. 개념들을 이해하지 못하면 절대 풀이하지 못합니다. 寅과 卯가 무엇이 다른지 구분할 줄 알게 되는 것이 사주명리 공부입니다.

사주명리는 절기학, 간지학, 계절학이라고 했습니다. 우리 인간이 자연과 더불어 사는 한 자연의 이치와 변화를 빼놓고 해석하면 절대 안 됩니다.

　요즈음 사주명리 공부를 하는 분들이 정말 많습니다. 여기저기서 8주, 12주 과정으로 사주명리를 배우고 있죠. 당연히 시작은 이렇게 가볍게 해야 합니다. 다만 시작은 분명 음양오행이었는데 머리에 남은 것은 육친밖에 없다든가, 점수만 매기면서 용신만 찾고 있다든가, 다 아는 것 같은데 막상 말하자니 입을 떼기 어렵다든가 하는 분들이 계십니다. 사주명리를 공부하는 모든 분들께 이 짧지만 핵심을 요약한 사주명리 수업이 도움이 되기를 바랍니다.

　사주명리에 대한 수많은 오해를 풀고, 앞으로 어떤 관점으로 사주명리 공부를 할 것인지에 대해 질문하고, 더불어 사주명리 또한 우리가 삶을 어떻게 살아갈 것인지에 대한 철학적인 공부라

는 것을 인지하는 기회가 되었으면 합니다. 공부하시느라 고생하

셨습니다. 매우 감사합니다.

1. 꼭 외워야 하는 것들

천간	甲	乙	丙	丁	戊	己	庚	辛	壬	癸
독음	갑	을	병	정	무	기	경	신	임	계
음양	陽	陰	陽	陰	陽	陰	陽	陰	陽	陰
오행	木	木	火	火	土	土	金	金	水	水

지지	子	丑	寅	卯	辰	巳	午	未	申	酉	戌	亥
독음	자	축	인	묘	진	사	오	미	신	유	술	해
동물	쥐	소	호랑이	토끼	용	뱀	소	양	원숭이	닭	개	돼지
음양	陰	陰	陽	陰	陽	陽	陰	陰	陽	陰	陽	陽
오행	水	土	木	木	土	火	火	土	金	金	土	水

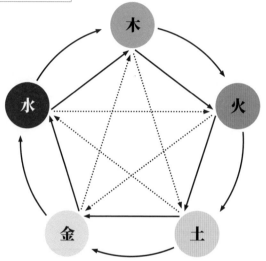

상생相生	상극相克
목생화木生火	목극토木克土
화생토火生土	토극수土克水
토생금土生金	수극화水克火
금생수金生水	화극금火克金
수생목水生木	금극목金克木

천간합天干合		천간충天干沖	
甲＋己＝土		甲-庚	乙-辛
乙＋庚＝金		丙-壬	丁-癸
丙＋辛＝水		戊-甲	己-乙
丁＋壬＝木		庚-丙	辛-丁
戊＋癸＝火		壬-戊	癸-己

지지합地支合	지지충地支沖
子＋丑＝土(水)	子-午
寅＋亥＝木	丑-未
卯＋戌＝火	寅-申
辰＋酉＝金	卯-酉
巳＋申＝水	辰-戌
午＋未＝火	巳-亥

오운五運 - 천간합天干合		육기六氣 - 지지충地支沖	
甲己合土	中正之合	子午沖	少陰君火
乙庚合金	仁義之合	丑未沖	太陰濕土
丙辛合水	威勢之合	寅申沖	少陽相火
丁壬合木	淫亂之合	卯酉沖	陽明燥金
戊癸合火	戊情之合	辰戌沖	太陽寒水
		巳亥沖	厥陰風木

방합方合	삼합二合
寅卯辰＝木局	寅午戌＝火
巳午未＝火局	申子辰＝水
申酉戌＝金局	巳酉丑＝金
亥子丑＝水局	亥卯未＝木

형刑	파破	해害
寅巳申	子酉	子未
丑戌未	午卯	寅巳
子卯	寅亥	卯辰
辰辰	申巳	丑午
午午	丑辰	亥申
酉酉	未戌	戌酉
亥亥		

지지		子	丑	寅	卯	辰	巳	午	未	申	酉	戌	亥
지地	여기	壬	癸	戊	甲	乙	戊	丙	丁	戊	庚	辛	戊
장藏	중기		辛	丙		癸	庚	己	乙	壬		丁	甲
간干	본기	癸	己	甲	乙	戊	丙	丁	己	庚	辛	戊	壬

백호대살白虎大殺

천간	甲	乙	丙	丁	戊	壬	癸
지지	辰	未	戌	丑	辰	戌	丑

양인살羊刃殺

천간	甲	丙	戊	庚	壬
지지	卯	午	午	酉	子

괴강살魁罡殺

천간	庚	庚	壬	壬	戊
지지	辰	戌	辰	戌	戌

상문 조객살喪門 弔客殺

지지	子	丑	寅	卯	辰	巳	午	未	申	酉	戌	亥
상문	寅	卯	辰	巳	午	未	申	酉	戌	亥	子	丑
조객	戌	亥	子	丑	寅	卯	辰	巳	午	未	申	酉

원진살怨嗔殺과 귀문관살鬼門關殺

원진살	子↔未	丑↔午	寅↔酉	卯↔申	辰↔亥	巳↔戌
귀문관살	子↔酉	丑↔午	寅↔未	卯↔申	辰↔亥	巳↔戌

탕화살湯火殺

지지	寅	午	丑

천을귀인 天乙貴人

일간	甲戊庚	乙己	丙丁	辛	壬癸
모든 지지	丑未	子申	亥酉	午寅	巳卯

월덕귀인 月德貴人

월지	申子辰	巳酉丑	寅午戌	亥卯未
모든 천간	壬	庚	丙	甲

천덕귀인 天德貴人

월지	子	丑	寅	卯	辰	巳	午	未	申	酉	戌	亥
천간		庚	丁		壬	辛		甲	癸		丙	乙
지지	巳			申			亥			寅		

천록귀인 天祿貴人

일간	甲	乙	丙	丁	戊	己	庚	辛	壬	癸
모든 지지	寅	卯	巳	午	巳	午	申	酉	亥	子

재고귀인 財庫貴人

천간	甲	丙	丁	戊	己	辛	壬
지지	辰	戌	丑	辰	丑	未	戌

12운성運星 조견표

일지	甲	乙	丙	丁	戊	己	庚	辛	壬	癸
장생長生	亥	午	寅	酉	寅	酉	巳	子	申	卯
목욕沐浴	子	巳	卯	申	卯	申	午	亥	酉	寅
관대冠帶	丑	辰	辰	未	辰	未	未	戌	戌	丑
건록建祿	寅	卯	巳	午	巳	午	申	酉	亥	子
제왕帝旺	卯	寅	午	巳	午	巳	酉	申	子	亥
쇠衰	辰	丑	未	辰	未	辰	戌	未	丑	戌
병病	巳	子	申	卯	申	卯	亥	午	寅	酉
사死	午	亥	酉	寅	酉	寅	子	巳	卯	申
묘墓	未	戌	戌	丑	戌	丑	丑	辰	辰	未
절絶	申	酉	亥	子	亥	子	寅	卯	巳	午
태胎	酉	申	子	亥	子	亥	卯	寅	午	巳
양養	戌	未	丑	戌	丑	戌	辰	丑	未	辰

12신살神殺 조견표

12신살	12운성	년지/일지			
		亥卯未	寅午戌	巳酉丑	申子辰
겁劫	절絶	申	亥	寅	巳
재災	태胎	酉	子	卯	午
천天	양養	戌	丑	辰	未
지地	생生	亥	寅	巳	申
년年	욕浴	子	卯	午	酉
월月	대帶	丑	辰	未	戌
망신亡身	록祿	寅	巳	申	亥
장성將星	왕旺	卯	午	酉	子
반안攀鞍	쇠衰	辰	未	戌	丑
역마驛馬	병病	巳	申	亥	寅
육해六害	사死	午	酉	子	卯
화개華慨	묘墓	未	戌	丑	辰

시時 조견표

시간/일간	甲己日	乙庚日	丙辛日	丁壬日	戊癸日
子時	甲子	丙子	戊子	庚子	壬子
丑時	乙丑	丁丑	己丑	辛丑	癸丑
寅時	丙寅	戊寅	庚寅	壬寅	甲寅
卯時	丁卯	己卯	辛卯	癸卯	乙卯
辰時	戊辰	庚辰	壬辰	甲辰	丙辰
巳時	己巳	辛巳	癸巳	乙巳	丁巳
午時	庚午	壬午	甲午	丙午	戊午
未時	辛未	癸未	乙未	丁未	己未
申時	壬申	甲申	丙申	戊申	庚申
酉時	癸酉	乙酉	丁酉	己酉	辛酉
戌時	甲戌	丙戌	戊戌	庚戌	壬戌
亥時	乙亥	丁亥	己亥	辛亥	癸亥

공망空亡 조견표

공망	甲	乙	丙	丁	戊	己	庚	辛	壬	癸
戌亥 공망	子	丑	寅	卯	辰	巳	午	未	申	酉
子丑 공망	寅	卯	辰	巳	午	未	申	酉	戌	亥
寅卯 공망	辰	巳	午	未	申	酉	戌	亥	子	丑
辰巳 공망	午	未	申	酉	戌	亥	子	丑	寅	卯
午未 공망	申	酉	戌	亥	子	丑	寅	卯	辰	巳
申酉 공망	戌	亥	子	丑	寅	卯	辰	巳	午	未

2. 수지법手指法

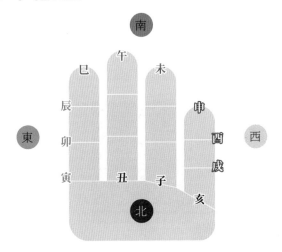

수지법手指法은 손가락에 12간지를 부여하여 조견표를 보지 않고 천간 10간, 12지지 등을 뽑는 방법이다. 손가락에 12지지를 부여할 때는 왼손을 펼치고 약지의 아래 접히는 부분에서 시작한다. 子丑寅에서 올라가서 바깥쪽으로 손가락 마디가 접히는 부분을 꼽으면 12지지가 꼽힌다. 손바닥 쪽은 북방, 엄지에 가까운 검지 바깥쪽은 동방, 손가락 끝 쪽은 남방, 새끼 손가락 바깥쪽은 서방이다. 사주명리의 모든 것은 손바닥 안에 있다.

방위方位와 24절기節氣

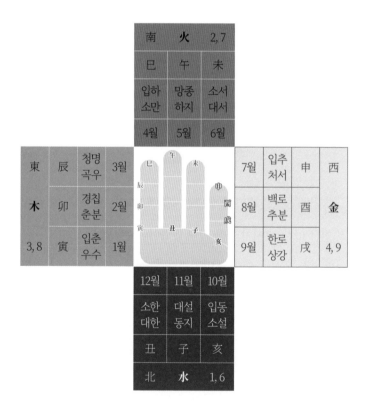

南	火	2, 7
巳	午	未
입하 소만	망종 하지	소서 대서
4월	5월	6월

東	辰	청명 곡우	3월
木	卯	경칩 춘분	2월
3, 8	寅	입춘 우수	1월

7월	입추 처서	申	西
8월	백로 추분	酉	金
9월	한로 상강	戌	4, 9

12월	11월	10월
소한 대한	대설 동지	입동 소설
丑	子	亥
北	水	1, 6

亥 다음 子에서 일양一陽이 생기고, 午에서 일음一陰이 생긴다.

	南	火	2,7	
	巳	午	未	
	生1	旺2	庫3	
	중천건	천풍구	천산둔	

東	辰	庫3	택천쾌
木	卯	旺2	뇌천대장
3,8	寅	生1	지천태

천지비	生1	申	西
풍지관	旺2	酉	金
산지박	庫3	戌	4,9

지택림	지뢰복	중지곤
庫3	旺2	生1
丑	子	亥
北	水	1,6

12지지地支의 음양陰陽

土의 기운 辰戌은 陽(+)이고 丑未는 陰(−)이다. 나머지 12지지의 음양은 시계 방향순으로 陽陰 陽陰 陽陰 陽陰, 즉 亥(+)子(−), 寅(+)卯(−), 巳(+)午(−), 申(+) 酉(−)으로 이어진다.

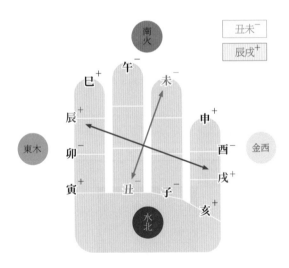

방합方合

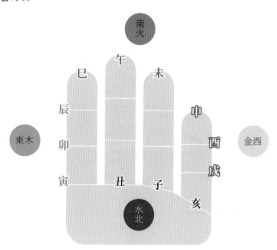

삼합三合

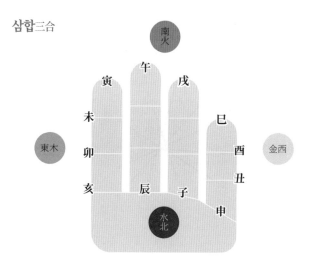

육합六合

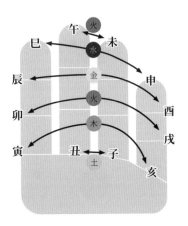

지지충地支沖

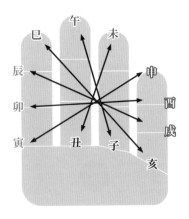

12운성運星의 생장수장生長收藏 (寅午戌合火 기준)

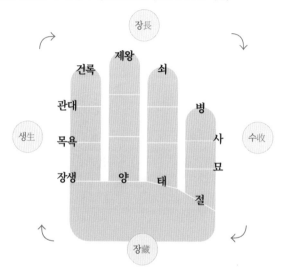

12신살神殺 (巳酉丑合金 기준)

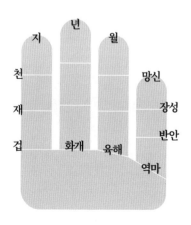

3. 지지地支 합충형파해合沖刑破害와 신살神殺 배치도

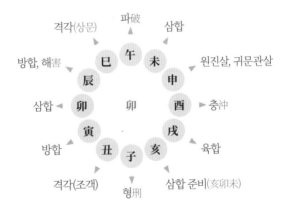

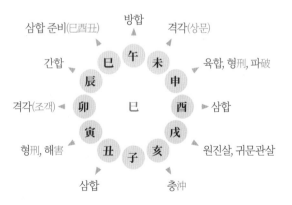

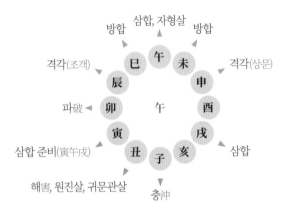

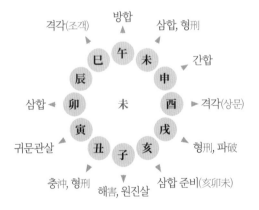

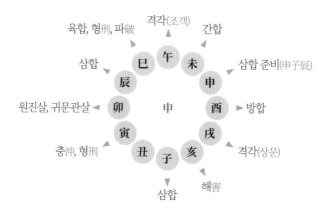

격각(조객)

육합, 형刑, 파破

간합

삼합

삼합 준비(申子辰)

원진살, 귀문관살

방합

충沖, 형刑

격각(상문)

삼합

해害

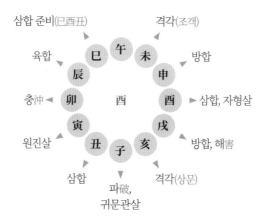

삼합 준비(巳酉丑)

격각(조객)

육합

방합

충沖

삼합, 자형살

원진살

방합, 해害

삼합

격각(상문)

파破,
귀문관살

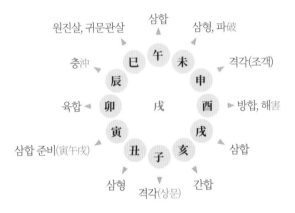

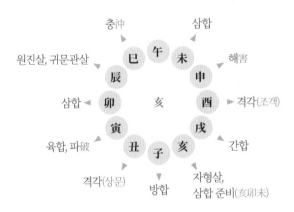

지지 합충형파해와 신살 연습하기

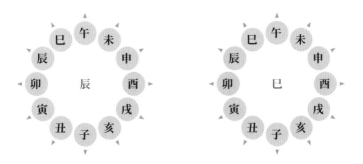

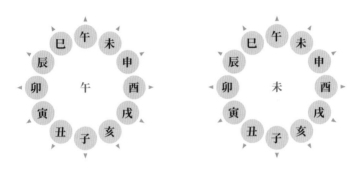

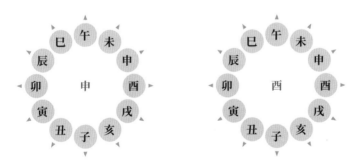

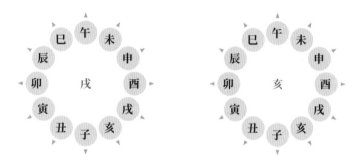

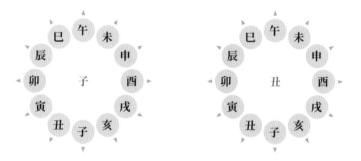

4. 육친六親 관계도 (木 일간 기준)

木	
일간日干 = 나	
비견比肩 =	**비**比
겁재劫財 ≠	**겁**劫
男	형제, 친구
女	媤

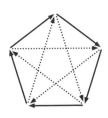

水	
일간日干을 生	
편인偏印 =	**인**印
정인正印 ≠	**성**星
男	어머니
女	어머니

火	
일간日干이 生	
식신食神 =	**식**食
상관傷官 ≠	**상**傷
男	사위, 손자
女	자식

金	
일간日干을 克	
편관偏官 =	**관**官
정관正官 ≠	**성**星
男	자식
女	남편, 애인

土	
일간日干이 克	
편재偏財 =	**재**財
정재正財 ≠	**성**星
男	아버지, 아내
女	아버지

5. 12운성運星 배치도

```
          병  사  묘                          록  왕  쇠
          巳  午  未                          巳  午  未
      쇠 辰        申 절              대 辰            申 병
      왕 卯  甲,寅  酉 태              욕 卯  丙,戊,    酉 사
      록 寅        戌 양              생 寅  巳,辰,戌  戌 묘
          丑  子  亥                          丑  子  亥
          대  욕  생                          양  태  절


          생  욕  대                          절  태  양
          巳  午  未                          巳  午  未
      양 辰        申 록              묘 辰            申 생
      태 卯  庚,申  酉 왕              사 卯  壬,亥    酉 욕
      절 寅        戌 쇠              병 寅            戌 대
          丑  子  亥                          丑  子  亥
          묘  사  병                          쇠  왕  록
```

	陽 간지	해당 삼합	장생	제왕	묘고
木	甲, 寅	亥卯未 = 木	亥	卯	未
火	丙, 戊, 巳, 辰, 戌	寅午戌 = 火	寅	午	戌
金	庚, 申	巳酉丑 = 金	巳	酉	丑
水	壬, 亥	申子辰 = 水	申	子	辰

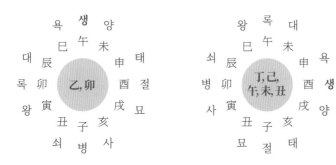

	陰 간지	해당 삼합	장생	제왕	묘고
木	乙, 卯	寅午戌 = 火	午	寅	戌
火	丁, 己, 午, 丑, 未	巳酉丑 = 金	酉	巳	丑
金	辛, 酉	申子辰 = 水	子	申	辰
水	癸, 子	亥卯未 = 木	卯	亥	未

12운성 연습하기

	陽 간지	해당 삼합	장생	제왕	묘고
木					
火					
金					
水					

	陰 간지	해당 삼합	장생	제왕	묘고
木					
火					
金					
水					

6. 12신살神殺 배치도

			앞 申子辰		
			水		
자기 巳酉丑	金		巳酉丑년생	木	반대 亥卯未
			火		
			뒤 寅午戌		

			앞 寅午戌		
			火		
자기 亥卯未	木		亥卯未년생	金	반대 巳酉丑
			水		
			뒤 申子辰		

	巳酉丑년생	亥卯未년생
자기 계절	巳酉丑 (지, 장, 화)	亥卯未 (지, 장, 화)
뒤 계절	寅午戌 (겁, 년, 반)	申子辰 (겁, 년, 반)
반대 계절	亥卯未 (역, 재, 월)	巳酉丑 (역, 재, 월)
앞 계절	申子辰 (망, 육, 천)	寅午戌 (망, 육, 천)

자기 계절	뒤 계절	반대 계절	앞 계절
변화를 주도	아래를 봄	타의로 변화	위를 봄

		앞 巳酉丑		
		金		
자기 寅午戌	火	寅午戌년생	水	반대 申子辰
		木		
		뒤 亥卯未		

		앞 亥卯未		
		木		
자기 申子辰	水	申子辰년생	火	반대 寅午戌
		金		
		뒤 巳酉丑		

	寅午戌년생	申子辰년생
자기 계절	寅午戌 (지, 장, 화)	申子辰 (지, 장, 화)
뒤 계절	亥卯未 (겁, 년, 반)	巳酉丑 (겁, 년, 반)
반대 계절	申子辰 (역, 재, 월)	寅午戌 (역, 재, 월)
앞 계절	巳酉丑 (망, 육, 천)	亥卯未 (망, 육, 천)

12신살 연습하기

		앞		
자기		巳酉丑년생		반대
		뒤		

		앞		
자기		亥卯未년생		반대
		뒤		

	巳酉丑년생	亥卯未년생
자기 계절		
뒤 계절		
반대 계절		
앞 계절		

	앞	
자기	寅午戌년생	반대
	뒤	

	앞	
자기	申子辰년생	반대
	뒤	

	寅午戌년생	申子辰년생
자기 계절		
뒤 계절		
반대 계절		
앞 계절		